SANTA AJUDA

SANTA AJUDA

com

MICAELA GÓES

gnt

GLOBO estilo

Dedico este livro àqueles que, por suas presenças em minha vida, me fizeram ser quem eu sou.

Às minhas filhas Lara e Julia, maiores amores do mundo, pela oportunidade de me fazerem renascer em seu nascimento. Ao meu Pedro por me ensinar o verdadeiro sentido do amor. Aos meus pais, Fred e Graça, pela vida. À minha avó Risoleta, minha musa inspiradora. À minha irmã Georgiana pela cumplicidade eterna.

À minha irmã escolhida, Ula, por me impulsionar para tantas realizações. À minha irmã de alma, Camila, por me abrir a janela para um novo mundo.

À Vanessa, Eliane e Maurício por me conduzirem ao encontro da minha essência. À Martha e Fernando pela amorosa torcida. À minha comunidade de amigos, meus irmãos de fé, pelo prazer de nos acompanharmos na vida. Aos meus mestres pelos ensinamentos e disciplina.

A vocês, meu eterno amor e gratidão.

PREFÁCIO
por Camila Pitanga
[08]

APRESENTAÇÃO
Micaela Góes
[12]

ORGANIZAR É PRECISO
[15]

AS DEZ DICAS DE OURO
[17]

CAPÍTULO 1
SALA
[21]

CAPÍTULO 2
QUARTO
[37]

CAPÍTULO 3
BANHEIRO
[59]

CAPÍTULO 4
COZINHA
[73]

CAPÍTULO 5
ÁREA DE SERVIÇO
[93]

CAPÍTULO 6
ESCRITÓRIO
[113]

CAPÍTULO 7
ÁREA EXTERNA
[129]

MANTER É MAIS QUE PRECISO
[146]

DICAS DA VOVÓ RISOLETA
[151]

AGRADECIMENTOS
[157]

Prefácio

por Camila Pitanga

Caro leitor, este livro não é escrito por uma simples profissional da organização. A Micaela é muito mais que isso. É a mãe incrível das gêmeas Julia e Lara, a madrinha (como poucas) da minha filha Antônia, a amiga que todos deveriam ter e alguém que tem uma característica admirável: prazer em cuidar.

Conheço a Micaela há mais de vinte anos. Somos amigas-irmãs. Escolhemos uma à outra como família. A gente se conheceu na adolescência por meio de amigos em comum e nos aproximamos ainda mais na época do vestibular quando estudamos juntas. Nessa época a Micaela já organizava tudo. Ela cuidava para que o estojo estivesse completo e o lápis, apontado, para que não faltasse a garrafa de água ou as frutas. Depois passamos para a faculdade e lá era a mesma coisa. Ela tinha uma pequena bolsa de onde saía de tudo, como num passe de mágica. E até hoje é assim. Parece que ela é capaz de prever aquilo de que você vai precisar daqui a pouco. Ela faz você se sentir especialmente cuidado ao atender suas necessidades prontamente. Parece magia, mas, na verdade, é planejamento, organização, talento e intuição.

Percebo que essa vocação é de família. Sua avó, a dona Risoleta, sempre foi assim. Nunca vi alguém receber tão bem. Mais do que encontrar uma mesa bem-posta, você sempre se sente acolhido na casa dela. Os pais da Micaela, que carinhosamente me adotaram na família, entre outras tradições, recebem os amigos todos os anos para um caruru. Esse prato tradicional baiano é feito em homenagem a Cosme e Damião, considerados santos padroeiros dos gêmeos, para agradecer e celebrar a vida, simplesmente.

Por conhecer muito bem a Micaela, um dia tive a ideia de chamá-la para me salvar de meu próprio caos. Eu precisava transformar a casa em lar para receber minha enteada, que viria morar conosco. Até então nosso lar era a junção de duas casas de solteiros e eu precisava mudar isso, mas não sabia como fazê-lo. Eu estava um tanto perdida com as tarefas domésticas e com dificuldades para orientar minha nova funcionária. Na época, Micaela trabalhava somente como atriz e nem sonhava em trabalhar com organização. No entanto, eu não poderia confiar a tarefa a outra pessoa. Meio desconfiada, ela aceitou o desafio apenas pelo prazer de ajudar. Ela não só organizou meus armários, minhas contas, minha casa, mas também a minha vida. No final, eu disse: você precisa fazer isso por mais pessoas! E, quando se deu conta, ela tinha descoberto uma grande vocação.

Vejo que o *Santa Ajuda* é uma expressão de tudo isso. Do carinho e do amor da família da Micaela, do cuidado e da atenção que recebi na minha própria casa e do enorme talento de uma profissional que tem prazer de cuidar das pessoas. A Micaela me ensinou que ser organizada é conviver melhor com os espaços à minha volta e com os outros e cuidar das relações humanas. A organização da minha casa trouxe estrutura para minha vida. Facilitou o dia a dia, reduziu o desperdício e azeitou a engrenagem doméstica como um regente conduz a sua orquestra. E isso é transformador. Quem dera todo mundo tivesse uma fada madrinha como ela para tornar tudo melhor em sua vida.
Agora você vai ter isso.

Aproveite!

Apresentação

Micaela Góes

A organização sempre esteve presente na minha vida de forma tão natural que nunca percebi que isso era uma qualidade. Cresci em um lar ordenado, com lugares certos para as coisas, muita rotina e cuidados. Isso não quer dizer que não existia espaço para bagunça. Eu e minha irmã dividíamos um quarto que era o mundo da fantasia de qualquer criança. Todos os nossos amigos adoravam brincar lá. O chão ficava tomado por casas de bonecas e cenários que contavam histórias que duravam dias. Era preciso ter habilidade para atravessar aquele "campo minado" de brinquedos espalhados. Havia cabanas montadas, as mais diversas fantasias, instrumentos musicais e muitos livros por toda parte. O território era livre para a bagunça. Só havia uma regra: no final, todos tinham que recolher os brinquedos e devolvê-los ao seu lugar. E isso ainda fazia parte da brincadeira.

Ainda criança, aos oito anos, iniciei meus estudos de balé clássico com a mestra Eliana Karim, que depois concluí no Stuttgart Ballet, na Alemanha. O universo do balé é extremamente organizado, e valores como disciplina, pontualidade e respeito ao espaço e ao próximo são a base de tudo. Mais tarde, ingressei no curso de Artes Cênicas na Universidade Federal do Estado do Rio de Janeiro, a Unirio, onde me formei em teoria teatral e como atriz profissional. O balé me apresentou o rigor e a disciplina. O teatro me trouxe a flexibilidade e a capacidade de improvisar.

Na faculdade eu tinha uma pequena bolsa que foi apelidada por meus colegas de "bolsa mágica". Ela tinha quase tudo de que uma pessoa pode precisar na vida. De pinça a analgésico. Por conta dessa bolsinha, minha melhor amiga da faculdade, e hoje minha comadre, me pediu socorro para organizar sua casa. Sua funcionária estava de saída, e ela tinha ficado completamente perdida, sem saber orientar a nova ajudante. Aceitei o desafio com prazer. Arrumei não só os armários e gavetas como também as contas, a rotina da casa e as atividades domésticas. Ao fim do trabalho ela me disse: "Você organiza vidas! Sua missão é fazer isso para as pessoas!".

Desde então, não parei mais e lá se vai mais de uma década organizando vidas. Nunca pensei que meu talento para organizar poderia se transformar em uma profissão. Com a prática, inventei minha forma de trabalhar, criei meu método. Experimentando, errando e acertando, desenvolvi uma capacidade de olhar o espaço e "escutar" as coisas me soprarem onde preferem estar acomodadas. Isso não tem nada de mágico, é lógica pura. As coisas têm que estar onde intuitivamente procuraremos por elas.

Acho que, mais do que organizada, sou prática. Para mim, a vida tem que acontecer com fluidez. Um cotidiano minimamente organizado pode descomplicar a desordem natural da vida. E isso não tem nada a ver com enrijecer nosso cotidiano. Pelo contrário. Ter uma vida mais organizada é simplificar o dia a dia para ganhar mais tempo.

Apresentar o programa *Santa Ajuda* é a possibilidade de unir minhas maiores paixões: organização, arte, pessoas e suas trajetórias. É preciso escutar as necessidades de cada indivíduo, ouvir suas histórias e procurar entender as possibilidades do espaço. Tudo para encontrar a solução ideal. Cada episódio é um novo desafio e percebo que não há fórmula pronta para organizar. O que tenho visto ao longo das temporadas do programa é que, apesar da particularidade de cada história, existem traços comuns a todos e que podem ser traduzidos como uma receita a ser seguida. E essas são as minhas dicas preciosas.

A maior satisfação que esse trabalho me dá é ver a transformação acontecendo na vida de uma pessoa. É perceber tanto o alívio que cada um sente ao se livrar dos excessos quanto os benefícios gerados por uma vida mais funcional. É isso que me motiva a seguir plantando sementes.

Meu desejo é que, por meio deste livro, eu possa compartilhar um pouco das minhas experiências e descobertas no universo da organização. E que as dicas possam servir de inspiração para uma vida mais funcional.

Pode ser mais fácil do que parece.
Pode ser simples ser organizado.

MAIS
MOR
POR
AVOR

Organizar é preciso

A organização é uma capacidade que deve ser desenvolvida. E qualquer pessoa tem potencial para se tornar minimamente organizada, basta que você abra espaço na sua vida para adquirir novos hábitos.

Economia doméstica e organização pessoal deveriam ser matérias obrigatórias nas escolas. A capacidade de se organizar precisa fazer parte da formação do indivíduo para se tornar um hábito, assim como almoçar ou escovar os dentes. Quem desenvolve cedo seu potencial de organização tem mais chances de se tornar um estudante mais eficiente e um profissional bem-sucedido.

Ser organizado não significa engessar sua vida. Ao contrário, é uma forma de ter mais liberdade. Uma vida mais organizada consome menos energia, diminui o desperdício, economiza dinheiro e faz com que você ganhe mais tempo para gastar com o que realmente lhe dá prazer.

No entanto, não é algo que acontece da noite para o dia. É um processo a ser percorrido e uma grande mudança. E todo processo de mudança requer reflexão e disponibilidade. É preciso fazer um "mergulho interno" para investigar sua relação com a bagunça e como ela afeta seu cotidiano. Essa reflexão vai ajudar a perceber os maus hábitos, a enxergar a sua responsabilidade em relação à desorganização, a identificar os mecanismos que lhe mantém apegado às coisas e aprisionado à situação de desordem.

Seu estado de desorganização é um padrão emocional. Você precisa ter paciência consigo mesmo para percorrer de volta um caminho trilhado durante muitos anos. Uma vez consciente de sua situação e da necessidade de mudar, arregace as mangas e parta para a ação. Nada vai acontecer se você não agir. E faça essa tarefa ser divertida! A organização deve ser uma aliada e não uma inimiga.

Para começar, pense nos benefícios que a organização vai lhe proporcionar. A desorganização consome sua energia e gera uma irritabilidade desnecessária. A longo prazo, esse consumo vai minando sua saúde e vitalidade. Quanto estresse não é gerado todos os dias em pequenas ações cotidianas, como procurar as chaves ou tentar encontrar um documento importante entre uma montanha de papéis desordenados?

Qualquer dia pode ser um bom dia para começar a organizar sua vida. Não é preciso tirar férias, nem parar de trabalhar, nem consumir seu fim de semana de descanso. Você só precisa querer mudar, comprometer-se consigo mesmo e agir.

Uma boa ideia é iniciar sua organização com pequenos projetos que você possa executar em pouco tempo, em vez de se lançar ao desafio de organizar uma casa inteira em uma única empreitada. O importante é que você comece e termine o que se propôs a fazer.

Você pode escolher, por exemplo, organizar a correspondência que está acumulada há semanas ou talvez meses. Em quinze minutos, você vai se livrar de um monte de papéis desnecessários e separar o que deve ser arquivado. Aproveite para criar um espaço específico para a correspondência na entrada de sua casa. Coloque ali um arquivo com divisórias para cada membro da família. Assim, cada um se encarregará de manter sua correspondência em dia. Uma sugestão é deixar sempre à mão as ferramentas necessárias para cada atividade. **Ter a ferramenta adequada para a tarefa é ter a metade do serviço feito.** Deixe uma tesoura ou espátula de abrir cartas perto do local onde costuma reunir a correspondência. Coloque uma lixeira para descartar imediatamente panfletos desnecessários ou correspondências lidas que não precisam ser guardadas. Pouco a pouco, crie o hábito de conferir a papelada diariamente ao entrar em casa. Dessa forma, sem gastar muito tempo nem energia, você estará dando conta de um assunto importante, reduzindo a papelada e trilhando os primeiros passos em direção a uma vida mais organizada.

Este livro é dividido por cômodos, assim como os episódios do *Santa Ajuda*. Cada cômodo tem seu mundo de particularidades e, por isso, é importante organizar um por um, lembrando, no entanto, que todos têm muito em comum. Pensando nisso, criei as dez dicas de ouro da organização, que são úteis para tudo e para todos.

Divirtam-se!

As dez dicas de ouro

da organização

1. **Descarte** tudo de que você não precisa. Divida o material a ser organizado em três grupos: o que você vai **manter**, o que vai para **doação** e o que é **lixo.**

2. **Faça uma lista** com seus objetivos e tarefas.

3. Torne a tarefa de organizar **divertida**!

4. **Comece e termine** o que começou.

5. **Encontre um lugar certo para cada coisa**.

6. **Cada objeto deve ficar no cômodo onde é mais utilizado**. Se você gasta muito tempo para encontrar alguma coisa é sinal de que está no lugar errado.

7. Comece a **organizar pelo que é mais visível**. Isso propicia a sensação de organização no ambiente. Só depois parta para os detalhes, como o interior de armários e gavetas.

8. Crie o hábito de **tirar do lugar e colocar de volta**. Isso fica bem mais fácil quando se tem um lugar certo para cada coisa.

9. Não deixe a **bagunça acumular**. Adquira o hábito de fazer uma "organização *express*" todos os dias. Percorra a casa recolhendo numa cesta tudo o que está pelo caminho e devolva para o seu lugar rapidamente.

10. **Simplifique sua vida**. Compre menos, acumule menos, assim você terá menos coisas para guardar e cuidar.

capítulo 1

SALA

BORA SER
FELIZ,
PORQUE
FAZ BEM
PRA
SAÚDE!!!!
HÁ FLORES
EM TUDO
QUE VEJO.
AMARAS
ESPACIOS
Interiores Domésticos
London Interiors

O cartão de visitas da casa

Na maioria das residências, é pela porta desse cômodo que você recebe seus convidados, o vizinho em busca de uma xícara de açúcar, o entregador de pizza, as flores enviadas de surpresa. E o mais importante: já se deu conta de que a sala também é sua primeira "anfitriã" quando você retorna ao lar, seja após um dia de trabalho ou depois de uma longa viagem?

Ao mesmo tempo que é conhecida como um local de estar, a sala também é um lugar de passagem, de conexão, em que todas as partes da casa e seus habitantes se encontram. Se compararmos nossa casa com uma cidade, a sala pode ser entendida como uma praça: é ali que pessoas com gostos, hábitos e personalidades diferentes vão conviver e se sentir confortáveis. Por conta disso, é um ambiente que deve ser, acima de tudo, acolhedor para todos.

Essa sensação de acolhimento, conforto e boa convivência só é possível com regras básicas de organização. Isso porque uma sala arrumada é capaz de gerar bem-estar tanto em você quanto em seus convidados. Reunir os amigos para uma noite de queijos e vinhos ou a família para assistir a um filme se tornam atividades mais prazerosas se o cômodo estiver com a arrumação em dia.

Afinal de contas, um vinho com os amigos fica mais divertido se você achar facilmente o saca-rolhas, as taças e aquele CD incrível para servir de trilha sonora! Um filme em família é mais gostoso se antes você não tiver que ficar horas em busca do controle remoto perdido.

Por isso, neste capítulo, estão reunidas dicas e soluções que podem fazer com que esses prazeres se tornem uma constante no seu dia a dia, de maneira simples, direta e, principalmente, prática!

MENOS É MAIS

Para começar, entre na sua sala e dê uma boa olhada ao redor. Observe se há um **excesso de móveis e objetos**. Para melhorar a circulação no cômodo e a sensação de conforto visual, identifique os itens desnecessários e retire o que não fará falta. Na organização, menos também é mais!

PESSOAS NÃO SÃO OBJETOS

Repare se as **superfícies de sua sala**, como estantes, aparadores e mesas, estão servindo apenas para armazenar objetos sem utilidade. **O excesso de enfeites também passa a sensação de espaço desorganizado.** Eu sempre digo para os participantes do *Santa Ajuda* que "pessoas não são objetos". Você não precisa guardar todas as lembranças de um amigo ou parente para se lembrar dele.

A ENTRADA DA CASA

Se a sua sala é o cômodo de entrada da casa, uma boa ideia é criar perto da porta uma **pequena estrutura para a sua chegada e a recepção de seus convidados**: um lugar para pendurar chaves; um cabideiro para bolsas, mochilas e casacos; e um local para correspondências com abridor de cartas. Isso facilita a entrada e a saída da casa e evita que você esqueça itens importantes do seu dia a dia.

CADA UM NO SEU QUADRADO

Se você tem uma estante convencional, em que não é possível regular a altura de cada nicho, **a organização pode vir da setorização do móvel**. Para cada espaço, determine quais objetos serão depositados por uso e tipo. Em um nicho, somente livros, em outro, CDs e DVDs, em um terceiro, suvenires de viagens, e assim por diante. Mas lembre-se do que escrevi lá atrás: lugares não são objetos! Guarde apenas os suvenires mais importantes, e você verá como a sala vai parecer mais organizada.

ORGANIZE CDs E DVDs

Você tem muitos **CDs** e **DVDs** na sala? Os estojos desses objetos geralmente ocupam muito espaço em uma estante. Uma sugestão é guardar os discos em pastas especiais, organizados por gêneros musicais e ordem alfabética. Em cada aba, um disco e seu encarte. Assim, as caixinhas plásticas podem ser dispensadas. Ao organizar as pastas, deixe sempre espaço livre em cada setor para novas aquisições. Para finalizar, identifique as pastas com etiquetas, facilitando a localização.

PRATELEIRAS REGULÁVEIS

Prateleiras presas em trilhos permitem regular a altura de cada vão e são ótimas para armazenar objetos de diferentes tamanhos, como livros. Desse modo, é possível definir o que será depositado em cada prateleira, de acordo com a necessidade de espaço.

IDENTIFIQUE OS FIOS

Fios de aparelhos eletrônicos prejudicam a estética de sua sala e podem causar curtos-circuitos. Por isso, não ligue todos os aparelhos em uma única fonte de energia. Para resolver a questão de beleza e funcionalidade, invista em **organizadores de fios**. Além disso, marque as extremidades de cada fio com identificadores ou fita-crepe, assim você saberá a qual aparelho pertence cada plugue.

SUPORTE PARA TV

Para ganhar espaço na prateleira de um móvel, **instale sua TV em um suporte de parede**.

ORGANIZE OS CONTROLES REMOTOS

Organizar os controles remotos numa cesta própria, etiquetando cada um deles de acordo com suas funções, evita perdas e confusões. Deixe-os sempre próximos ao sofá e não se esqueça de guardá-los no mesmo lugar depois do uso. Controles remotos adoram "criar pernas" e desaparecer...

GARANTIAS, MANUAIS E NOTAS

Mantenha as **garantias, os manuais e as notas fiscais** de todos os equipamentos (TV, aparelho de DVD, aparelho de som...) reunidos em uma única pasta guardada em local de fácil acesso.

PAREDES SEM FUROS

Se você não quiser furar a parede, existe um jeito prático de arrumar os quadros da sua sala: **instale uma prateleira longa e rasa, como uma canaleta,** na altura que preferir e apoie nela as molduras que deseja. Fica charmoso e dá mais mobilidade à organização.

DISPOSIÇÃO DOS QUADROS

Já aconteceu de você pendurar um quadro e ficar insatisfeito com a altura ou a posição dele na parede? Se sim, uma dica interessante é, antes de fixá-lo, testar a **posição do quadro usando um molde**. Recorte uma folha de papel pardo com as medidas idênticas às do quadro e fixe-a na parede. Dessa maneira, você vai conseguir visualizar qual será o resultado final.

Louçaria

ORGANIZE AS LOUÇAS

Em uma cristaleira ou estante, **elimine as louças quebradas** e separe os itens sem par. Em seguida, reúna os conjuntos e **organize tudo em grupos**: pratos de mesa, de sobremesa, xícaras, copos, taças e assim sucessivamente.

GANCHOS PARA AS XÍCARAS

Se a sua intenção é ganhar espaço no armário de louças, instale dentro dele **ganchos para pendurar xícaras**. Como elas vão ficar suspensas no alto do vão da prateleira, o espaço liberado pode ser preenchido com pratos e pires correspondentes às xícaras.

SEGUNDA ALTURA

Ainda sobre espaço, uma boa dica é dividir os vãos da cristaleira ou estante em dois, **instalando uma prateleira intermediária.** No lugar de um espaço único, você ganha "dois andares" para depositar suas louças.

MAIS PESADAS EMBAIXO

Coloque sempre as peças mais pesadas nas prateleiras inferiores, para evitar a deformação do móvel. Para louças mais delicadas ou especiais, use **plástico bolha ou papel-toalha** entre cada peça. Isso deixa a pilha mais estável e evita trincos e arranhões. O ideal é não criar pilhas muito altas, porque o peso dos pratos pode danificar a louça.

SEMPRE À MÃO

Deixe **sempre à frente da prateleira as peças que são mais usadas.** Isso facilita o manuseio e reduz o risco de danificá-las. Aliás, esta é uma das dicas de ouro de organização e serve para o armazenamento em todos os cômodos: sempre deixe na frente e à mão tudo aquilo que é mais utilizado.

PROTEJA A PRATA

Para evitar que as peças de prata oxidem e escureçam, use capas para protegê-las do contato com ar, luz e umidade, criando uma espécie de embalagem. Quanto mais escuro e lacrado for o invólucro de armazenamento, mais elas durarão. Por cima de cada embalagem, prenda **fotos das peças** ou use **etiquetas** para identificar o conteúdo. Assim, você não precisa abrir embalagem por embalagem para saber o que há dentro.

ESTOJO PARA OS TALHERES

Talheres, especialmente os de prata, costumam vir embalados em caixas pesadas e pouco práticas, como as de madeira, ou as de papel, que podem estragar com a umidade, mofar e atrair traças e outros insetos. Experimente **tirá-los de suas embalagens originais e guardá-los em um estojo próprio**. Desse modo, fica muito mais fácil de manusear, e as peças continuarão preservadas.

Interiores
EVANDRO TEIXEIRA
M

AMARAS
ESPACIOS
Interiores Domésticos
London Interiors

Interiores residências homes

DICAS MILAGROSAS

dica de ouro

Depois de testar a posição do quadro na parede usando um molde de papel pardo, é hora de fixar o prego. Uma boa ideia para não martelar o dedo é **pôr o prego entre os dentes de um pente**. Segure o pente pelo cabo e evite acidentes! Outra dica é colar um pedaço de fita-crepe no local da parede a ser furado. Isso faz com que a parede não rache com o furo.

dica ecológica

Invista em um **local próprio para armazenar calçados na entrada de casa**. Isso evita que a sujeira das ruas se espalhe pela casa inteira. Uma sugestão é transformar um pallet em sapateira. Basta fixar o pallet na parte baixa da parede e acomodar os sapatos embicados nos vãos, entre as ripas. Solução barata, sustentável e, acima de tudo, prática! Coloque também um banquinho próximo à sapateira. Assim, fica muito mais fácil calçar ou retirar os sapatos.

dica de descarte

Faça o descarte correto dos móveis de sua residência. Sofás, mesas, armários e outros móveis são frequentemente encontrados jogados pelas ruas, acumulando sujeira, poluindo a cidade e servindo de abrigo para roedores e insetos. Muitas cidades oferecem o serviço gratuito de recolhimento de móveis usados. Antes de jogá-los fora, verifique se existem opções na prefeitura da sua cidade. Também há diversas entidades particulares especializadas no recolhimento de entulhos e móveis. Essas empresas os buscam na residência do doador e os entregam em cooperativas para reformar ou revender. Se você preferir a doação, existem várias instituições que aceitam esse tipo de material e até recolhem em sua casa. Você também pode vender seus móveis usados em sites especializados ou no comércio local.
Há várias soluções. Não desista. Uma pesquisa simples na internet pode ajudar a realizar o descarte correto e evitar um enorme problema ambiental.

capítulo 2

QUARTO

Mundo

Nosso ninho

É muito importante que ele seja um ambiente agradável e acolhedor. É o cômodo da casa em que passamos mais tempo, no mínimo seis horas por dia, mesmo que dormindo.

O quarto é o espaço que nos acolhe para diversas atividades. Descansar e renovar as energias é a principal delas, mas não a única. Trocar de roupa, ler, estudar, nos preparar para uma situação especial ou cotidiana, ver televisão, brincar com os filhos, namorar.

Esse cômodo deve ser sinônimo de descanso. Para isso, um ambiente organizado vai ajudar muito. Algumas dicas simples podem transformar seu ninho no melhor lugar do mundo!

Para começar, evite entulhar o espaço com coisas desnecessárias. **O ambiente deve ter apenas o necessário.**

Pequenos hábitos cotidianos podem fazer toda a diferença para obter-se um quarto mais organizado e agradável:

- **Abra sempre as janelas ao acordar para a luz do sol** entrar e a energia circular e se renovar.

- **Na hora de dormir, o escuro é fundamental** para nosso relaxamento.

- **Ao se levantar, arrume a cama**. É importante sacudir e esticar os lençóis e deixar a cama preparada para sua volta. Descubra o prazer de deitar-se numa cama arrumada e renovada na noite seguinte.

- **Cubra a cama com uma colcha**. Ela vai ficar protegida de poeira e sujeira. Além disso, vai dar um aspecto de ordem ao ambiente.

- **Evite sentar na cama sem colcha com a roupa que passou o dia**. Nossa roupa carrega toda a sujeira da rua, do escritório e do transporte.

- **Troque os lençóis** pelo menos uma vez na semana.

- **Troque seu travesseiro** pelo menos uma vez por ano. Ele absorve muita sujeira.

- **Vire o colchão** uma vez por mês em sentido horário. E, dependendo do tipo de material e estrutura, volteie o colchão ao menos uma vez por ano para evitar deformações. Na dúvida, consulte as orientações do fabricante.

Sugiro que você **prepare o ambiente para as atividades que costuma desempenhar no quarto**. Se você gosta de ler deitado, tenha uma boa luminária. Se gosta de ver televisão sentado, tenha uma poltrona que lhe dê conforto para aproveitar o momento.

Armário e closet

SEPARE, DOE, CONSERTE, DEVOLVA...

O primeiro passo para organizar o armário ou o closet é a **triagem**. Retire todas as peças, separando as roupas, sapatos e acessórios em categorias:

- **Mantenha** tudo que você usa e que lhe cai bem.

- **Doe** o que está em bom estado, mas não serve mais. São aquelas peças que você não usa, mas serão bem-vindas para outra pessoa. É uma forma de se desapegar do que não serve mais e abrir espaço para o novo.

- **Conserte ou devolva** tudo aquilo que precisa de conserto ou devolução. Separe num lugar visível para tomar a providência adequada.

- **Elimine** o que não serve mais nem para doação.

ORGANIZE POR TIPO E USO

O segundo passo é **setorizar as roupas por tipo e uso**. Vestido com vestido, blusa com blusa, calça com calça etc. Dentro de cada setor, você pode fazer uma subdivisão. Por exemplo: vestidos longos, vestidos curtos, vestidos de festa e vestidos de trabalho.

ADOTE CABIDES PADRONIZADOS

Cabides diferentes e o caimento variado das roupas desviam a atenção do nosso olhar e tumultuam a visão das peças penduradas. Padronizar os cabides gera um conforto visual e direciona o olhar para as roupas, além de facilitar o processo de escolher as peças. Experimente!

ROUPAS PESADAS

Para roupas mais pesadas, como ternos e casacos de couro, use cabides mais resistentes, com o ombro estruturado, para não marcar a roupa.

CAPAS PROTETORAS

Utilize **capas protetoras de TNT** (tecido não tecido) para proteger roupas pouco utilizadas ou delicadas, como trajes de festa. Esse tecido tem furinhos que permitem que as peças respirem e as capas feitas dele têm um visor que possibilita identificar o que está lá dentro.

DE CABEÇA PARA BAIXO

Pendure as calças compridas de cabeça para baixo em cabides para saias ou com presilhas e coloque-as no vão reservado a roupas longas. Assim, elas ficam esticadas.

COMO ORGANIZAR AS PRATELEIRAS

Coloque nas prateleiras as peças que ficam bem acomodadas dobradas, como camisetas e bermudas. As peças utilizadas com maior frequência devem ficar nas partes mais acessíveis do armário, que ficam ao alcance das mãos e dos olhos. Utilize as prateleiras de menos acesso, como as muito altas e as muito baixas, para peças que você usa menos.

PADRONIZE AS DOBRAS

Siga o mesmo padrão de dobra para todas as camisetas. Isso torna mais fácil a organização dentro do armário. Na hora de passar as roupas limpas para guardar, um gabarito é uma "santa ajuda" para fazer parte da área de serviço e colaborar com a arrumação do armário. Estabeleça um critério para a organização das pilhas de camisetas. Pode ser por cor, tipo ou uso. Isso vai variar de acordo com o hábito.

PEÇAS DE POUCO USO

Use embalagens próprias para guardar as roupas que não têm uso frequente. Depois de lavadas e passadas, essas roupas podem ser guardadas em sacos de TNT ou a vácuo. Estes últimos deixam as peças mais compactas e as protegem de poeira, mofo e umidade. Elas vão continuar limpas até o próximo uso. Uma boa dica é acrescentar folhas de louro às embalagens. Elas reduzem o risco de mofo.

RODÍZIO POR ESTAÇÃO

Para ganhar espaço no armário faça o **rodízio de roupas por estação.** Retire dos espaços mais acessíveis as roupas de inverno no verão e as de verão no inverno. Acomode-as nas prateleiras altas até a próxima mudança de estação.

COLARES, CHAPÉUS E LENÇOS

Instale ganchinhos nas laterais do armário ou em alguma parede livre do quarto para pendurar acessórios. Colares, chapéus e lenços terão mais chances de serem utilizados se estiverem à vista. Você não precisa colocar tudo o que tem de uma vez para não criar um visual tumultuado. Faça um rodízio dessas peças para que tenha sempre uma novidade para usar!

GAVETAS

Reserve as gavetas para peças íntimas e peças pequenas, como meias e roupas de praia. Elas vão ficar mais preservadas e mais bem acomodadas.

DIVISÕES NAS GAVETAS

Crie divisões internas no vão da gaveta para separar os pertences. Você pode utilizar caixinhas, cestos ou colmeias para criar esses espaços.

ACESSÓRIOS SAZONAIS

Guarde acessórios sazonais, como fantasias de carnaval e roupas de festa junina, em caixas ou sacos fora da área mais acessível do armário.

ACESSÓRIOS DE FESTA

Coloque carteiras e bolsas de festa em sacos de TNT com visor.

ORGANIZE OS SAPATOS POR TIPO

Sandálias (altas e baixas), tênis, botas, sapatos de salto e sem salto etc.

PÉ ANTE PÉ

Se optar por colocar os sapatos em prateleiras, em vez de colocar os pares lado a lado, experimente colocar um pé de cada par na frente do outro. Na maioria das vezes, pares que ficam no fundo são menos vistos e, por isso, menos utilizados. Desse modo, você terá uma visão melhor de todos.

MODELADOR DE SAPATOS

Para manter a forma e conservar melhor os pares, **utilize modelador de sapatos.** Assim, os calçados de couro não ficam marcados ou danificados. Se você não tiver modeladores, preencha os sapatos com jornal amassado, para manter os pares moldados. Para botas de cano longo, utilize moldes próprios ou faça um com papel-cartão.

CAIXAS TRANSPARENTES

Coloque em caixas transparentes os sapatos menos usados e guarde-as em espaços de menos acesso. As caixas transparentes facilitam a identificação do conteúdo. Caso escolha outro tipo de caixa, identifique o que tem dentro com uma foto ou etiqueta.

Rouparia

CONJUNTOS COMPLETOS

Reúna os conjuntos de lençóis e de toalhas e separe os avulsos. Conjuntos dobrados em um só volume facilitam o dia a dia. Ao organizar na prateleira, faça uma pilha para os conjuntos completos e outra para os avulsos. Outra dica é guardar o conjunto de lençóis dentro de uma das fronhas.

CONTRA POEIRA, UMIDADE E MOFO

Use embalagens de TNT com visor para guardar peças menos usadas, como as colchas. Isso vai protegê-las de poeira, umidade e mofo.

SACOS A VÁCUO

São ideais para peças volumosas, como edredons e travesseiros. Eles reduzem até três vezes o tamanho da peça.

PADRONIZE AS DOBRAS

Estabeleça um padrão de dobra para os conjuntos. Não existe dobra certa! Existe a ideal para o espaço que você tem. Descubra a melhor forma para o seu armário e padronize os lençóis com a mesma dobra.

SEMPRE À MÃO

Guarde as peças de acordo com o uso, deixando o que é mais utilizado nas prateleiras mais acessíveis.

ETIQUETE AS PRATELEIRAS

Para manter a ordem e estabelecer um código comum a todos da casa, etiquete cada prateleira.

Quarto de criança

Organizar um quarto de criança consiste basicamente em criar formas para organizar brinquedos. A primeira coisa a ser feita é uma bela triagem retirando os brinquedos que não são mais utilizados, que já passaram da idade ou que estão danificados. Utilize o mesmo critério de separação que falamos anteriormente:

1. **Mantenha** brinquedos em bom estado que são utilizados.

2. **Doe** brinquedos em bom estado que já não são a preferência do seu filho, ou que já passaram da idade, mas que serão muito bem-vindos para outras crianças.

3. **Elimine** brinquedos quebrados e que colocam em risco a brincadeira.

Estimule seus filhos a participar do processo de seleção dos brinquedos. É importante as crianças decidirem o que querem e o que não querem mais. Evite retirar brinquedos sem que elas saibam. Elas podem se sentir invadidas ou traídas se de uma hora para outra não encontrarem mais aqueles brinquedos de que gostam. Além disso, aprender a se desapegar e a se organizar são qualidades que devem ser aprendidas desde cedo. Isso é uma lição para toda a vida.

ORGANIZE POR TIPOS

Organize os brinquedos que permaneceram no quarto por tipo: bonecas, carrinhos, jogos de tabuleiro, instrumentos musicais etc.

TRIAGEM EM DATAS ESPECIAIS

Uma boa época para fazer a triagem de brinquedos é em datas em que seus filhos receberão muitos presentes: antes do aniversário, no Natal e no Dia das Crianças. É um bom momento, inclusive, para presentear outras crianças. Conte que esses brinquedos irão para meninos e meninas que vão aproveitá-los tanto quanto seus filhos. Se possível, leve-os para concretizar a doação. Isso os envolverá ainda mais na atividade.

CANTINHO DAS ARTES

Crie um espaço onde a criança possa sentar e desenhar. Coloque papel, lápis, cola, tesoura sem ponta etc. Uma boa dica é **aproveitar espaços pouco utilizados**, como a parede do corredor, para fazer um quadro de desenhos. Uma sugestão é instalar um laminado decorativo tipo lousa para desenhar com marcadores especiais para quadro branco.

CANTINHO DA LEITURA

Estimule o hábito da leitura desce cedo! Instale uma estante e organize uma pequena biblioteca. Crianças pequenas escolhem os livros pela capa. Se for possível, prefira uma estante na qual as obras fiquem de frente, para facilitar a escolha dos pequenos leitores. Mesmo que a criança não saiba ler, cria-se uma boa relação com os livros e um hábito saudável para toda a vida!

CRIE FORMAS DIVERTIDAS PARA MANTER A ORGANIZAÇÃO

Crie dinâmicas de organização com as crianças. Distribua uma caixa ou sacola para cada criança e proponha que cada uma recolha o maior número de brinquedos espalhados pela casa num determinado tempo. Depois é só colocar cada coisa em seu devido lugar. Guardar os brinquedos também faz parte da brincadeira!

IRMÃOS NO MESMO QUARTO

Se irmãos dividem o quarto, encontre recursos para delimitar o espaço de cada um. É muito importante que cada criança tenha seu espaço dentro do cômodo: sua cama, sua parte no armário, sua mesa de estudo. Um bom recurso é **utilizar cores para delimitar os espaços**. Identifique a cor de preferência de cada um e explore a delimitação do espaço por meio delas. Esse recurso pode servir para cor das colchas e lençóis, cor dos cabides, escovas de dente, toalhas de banho etc.

ROUPA AO CESTO

Instale uma **cesta de basquete em cima do balde de roupas sujas** e proponha um jogo: lançamento de roupas no balde! Assim você sugere às crianças que organizar pode ser divertido.

SEMPRE À VISTA

Instale prateleiras onde for possível e, de preferência, em alturas acessíveis para as crianças. O que está à vista é mais fácil de retirar e tem mais chances de voltar a ser colocado no mesmo lugar.

EVITE CAIXAS OU BAÚS MUITO GRANDES

Senão os brinquedos que ficam por baixo dificilmente serão acessados.

USE E ABUSE DAS PAREDES

Instale ganchos e prenda objetos na parede para ganhar espaço no cômodo! Você pode pendurar, por exemplo, o skate, o patinete, um cesto para bolas, ganchos para instrumentos musicais etc.

FORA DE ALCANCE

Aproveite as **alturas superiores para acomodar brinquedos mais delicados** ou que exijam a supervisão de um adulto.

USE CAIXAS TRANSPARENTES

Elas possibilitam às crianças verem o que está guardado.

BICHOS DE PELÚCIA

Tenha cuidado com os bichos de pelúcia. Eles acumulam ácaros que podem dar origem a alergias. Se as instruções do fabricante permitirem, você pode higienizá-los na máquina de lavar, com água, sabão e amaciante. O ideal é colocá-los dentro de um saquinho próprio para lavagens delicadas, para não deformar o brinquedo. Depois, é só centrifugar e deixar secar ao sol, até que toda a água evapore. Outra dica bacana é embalar o bicho de pelúcia em um saco plástico e pôr no congelador por algumas horas. A temperatura fria é capaz de eliminar ácaros e outros microrganismos nocivos à saúde! A brincadeira fica melhor assim, concorda?

DESENHOS OU LETRAS

Etiquete as caixas para melhor identificar os brinquedos.
Se a criança não sabe ler, use desenhos ou recortes de revista.

CRIE ESPAÇOS DE ATIVIDADES

Cada atividade precisa ter seu cantinho próprio com tudo de que a criança precisa por perto. Para delimitar os espaços fisicamente, pode-se lançar mão de alguns recursos: utilizar cores nas paredes ou móveis, ter tapetes emborrachados para criar os ambientes ou simplesmente preparar os espaços com as condições adequadas para cada atividade. Quanto mais preparado estiver o espaço, mais prazerosa e simples será a atividade.

ÁREA DE ESTUDO

Instale um gancho para a mochila da escola, coloque mesa e cadeira confortáveis, além de iluminação adequada à leitura. Para que a superfície da mesa fique livre, instale prateleiras e assim crie espaço para livros e cadernos. Coloque uma cortiça ou quadro de avisos para a criança conseguir fixar seu calendário escolar.

DICAS MILAGROSAS

dica de ouro

Veja como dobrar lençóis de elástico:

1. Dobre o lençol ao meio.

2. Junte duas das quinas com elástico em cada uma de suas mãos.

3. Dobre o lençol mais uma vez ao meio (agora ele está dobrado em quatro partes). Junte as quatro quinas, todas num mesmo sentido, enfiando uma das mãos nas quinas.

4. Apoie sobre uma superfície plana, colocando as quinas acomodadas por dentro. Dobre as sobras até formar um quadrado.

5. Dobre novamente até chegar ao tamanho desejado. Essa dobra ajuda também na hora de passar os lençóis!

dica ecológica

Troca-troca. Procure uma feira de troca de brinquedos e livros. Existem várias delas pelo Brasil, e o conceito é sempre o mesmo: evitar o consumo exagerado e promover a interação entre os pequenos. Com esse troca-troca, seu filho substitui um brinquedo que já não usa mais por outro que ele anda querendo muito. Você o educa para a realidade de nosso planeta e ainda economiza dinheiro.

A mesma ideia pode servir para as roupas eliminadas do seu armário. Sabe aquela roupa que está esquecida, mas continua em ótimo estado? Você pode fazer um troca-troca com os amigos. Organize um encontro e peça para todo mundo levar as roupas que não usa mais. Depois é só trocar umas com as outras. É um jeito divertido, econômico e sustentável de renovar o armário.

dica de descarte

É muito importante que você separe o que será eliminado corretamente. O descarte também deve ser organizado. Não misture. Separe roupa com roupa, livro com livro, papéis, eletrônicos, medicamentos vencidos. Cada um desses itens deve ser destinado corretamente e você terá mais facilidade para fazer isso se o material estiver separado.

capítulo 3

BANHEIRO

Muitas funções, pouco espaço

Muitas casas têm apenas um banheiro e que é compartilhado por todos os moradores. Múltiplos usuários, múltiplos problemas. Toalhas largadas em qualquer lugar, pia cheia de maquiagens e cosméticos, cesto de roupa suja transbordando, brinquedos espalhados pelo boxe e aquela revista que você não faz ideia de como foi parar ali.

Cadê aquele grampo que você deixou bem em cima da bancada? E o secador de cabelos, onde guardar? O que fazer com essa lâmina de barbear? Calma, acredite, existe solução para tudo.

Banheiros geralmente são ambientes pequenos, úmidos, com pouca ventilação e muitas utilidades, como tomar banho, dar banho no filho, se maquiar, arrumar o cabelo, fazer a barba, escovar os dentes várias vezes ao dia e até meditar. Com tantas funções e tão pouco espaço, fica difícil deixar tudo organizado e funcional.

Entretanto, você vai perceber neste capítulo que os menores cantos desse cômodo podem ser usados para guardar seus itens. Vai aprender também que objetos inusitados, como canos de PVC, barras de ímã da cozinha e potes de azeitona, são uma mão na roda na hora da arrumação.

Então, prepare-se para transformar esse lugar cheio de bagunça em um espaço agradável. Tome um bom banho para se inspirar, coloque uma música animada e arregace suas mangas fresquinhas e cheirosas para colocar a mão na massa!

SEPARE E DESCARTE

Comece a organização do banheiro **separando todos os itens de uso pessoal**. Verifique a data de validade de cada produto e descarte imediatamente o que não serve mais. Produtos vencidos podem causar irritações na pele e até infecções. Não corra esse risco!

FAÇA ETIQUETAS

A **data de validade** não está em um local de fácil visualização? Escreva em uma etiqueta e cole na embalagem. Vale a pena esse trabalho extra para que ninguém use um produto fora do prazo. Facilite o trabalho deixando uma cartela de etiquetas pequenas e uma caneta guardadas no banheiro especialmente para esse fim.

PRATELEIRAS DE VIDRO

Coloque **prateleiras de vidro** ao lado do espelho do banheiro e preencha com os objetos de uso diário. Divida-as por tipo de produto e por integrantes da casa. Dessa forma, tudo fica organizado e ao alcance da mão.

ORGANIZE PELO TIPO DE USO

Depois de descartar o que não vale mais, **separe os itens pelo tipo de uso:** cosméticos, higiene pessoal, banho, primeiros socorros etc. E agora, o que fazer? Devolver tudo para a bancada da pia? Nada disso! A bancada é um espaço usado por todos e tem diferentes funções para cada membro da família. Por isso, deixe-a sempre limpa e livre do excesso de objetos. A **bancada cheia aumenta a sensação de desordem** no ambiente.

LIBERE A BANCADA

Use e abuse de ganchos e prateleiras. A ideia é liberar a bancada e organizar melhor os seus produtos.

CADA UM COM A SUA GAVETA

Se o seu armário tem gavetas, coloque os itens separados por tipo. Assim, ninguém vai ficar estressado na hora de achar a espuma de barbear ou o hidratante. Se possível, **deixe uma gaveta para cada membro da família**.

ÍMÃS

Para guardar utensílios de metal como grampos, pinças, tesouras ou alicates, experimente utilizar uma **barra imantada** própria para facas de cozinha ou outro tipo de ímãs. Eles vão deixar tudo mais funcional!

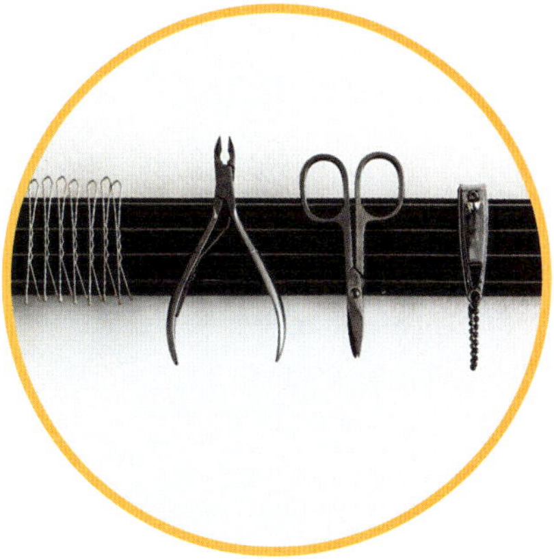

USE DIVISÓRIAS

Para melhor acomodar os itens, **crie divisórias dentro das gavetas.** Se elas forem amplas, você pode criar a divisão de espaços reutilizando potes de sorvete! Experimente!

CESTAS E CAIXAS

Em armários sem divisões ou prateleiras, use **cestas ou caixas etiquetadas** para colocar os objetos.

CAIXAS PLÁSTICAS

Elas servem para guardar praticamente tudo: papel higiênico, absorventes, protetores solares, repelentes e estoques em geral. Coloque **etiquetas identificadoras** e guarde-as seguindo a ideia das áreas nobres. Objetos de uso mais frequente devem ficar nas áreas mais acessíveis, à altura dos olhos e das mãos; e objetos de uso menos frequente, nas partes mais altas ou baixas, ou no fundo dos armários.

SECADOR DE CABELO

- Crie um **espaço próprio para o secador de cabelo**. Ele costuma se acomodar mal dentro dos armários.

- Experimente instalar um revisteiro plástico na parte interna da porta do armário ou em algum canto desperdiçado do banheiro. Veja como se encaixa perfeitamente!

- Outra boa ideia para acomodar o secador de cabelo é **aproveitar um joelho de PVC**, desses que são comprados em lojas de materiais de construção. Customize como quiser e utilize braçadeiras para fixá-lo. O secador se encaixa muito bem e ainda tem um espaço para acomodar o fio.

CADA UM COM SUA TOALHA

Quando o banheiro é utilizado por muitas pessoas, a confusão das toalhas é sempre um problema. Mas as soluções são simples, e você pode escolher a mais adequada:

- Instale um **gancho próprio para cada membro da família** pendurar a toalha.
- **Monte conjuntos de toalhas em cores diferentes** e estabeleça uma cor para cada integrante da casa.
- Se você prefere **toalhas brancas, pode costurar uma pequena alça de fita colorida nas toalhas**, também utilizando uma cor para cada pessoa.
- Outra alternativa é **bordar as iniciais**, o nome de cada integrante da casa ou **números** nas toalhas.

REPOSIÇÃO

Procure sempre ter reposições de itens de maior uso dentro do próprio banheiro, como toalhas, rolos de papel higiênico, absorventes e pastas de dente. Assim, você nunca vai ser pego desprevenido.

TOALHAS À MÃO

Existem **toalheiros de metal com prateleira**, que podem ser presos na parede e são uma solução ótima para guardar toalhas de reposição.

ATRÁS DA PORTA

Coloque **ganchos atrás da porta do banheiro** e aproveite o espaço para pendurar as roupas que acabaram de ser tiradas. Se você tem o hábito de usar roupão, essa é uma boa solução para tê-lo sempre à mão.

ROUPA SUJA

Coloque no banheiro um cesto para roupas sujas. Se tiver um bebê, reserve um cesto separado para ele.

PRIMEIROS SOCORROS

Vale a pena ter um pequeno **kit com itens de primeiros socorros** pronto para a hora da emergência!

PRODUTOS DO BEBÊ

Se você tem um bebê em casa, **prenda uma sapateira plástica transparente** na parede perto da banheirinha. Nela, você pode colocar diversos produtos, como pomadas, cremes, xampu, reposições de fraldas e roupas. Cabem até os brinquedinhos da criança. Aliás, sapateiras plásticas são uma ótima solução para quem tem pouco espaço no banheiro e precisa utilizar as paredes.

Boxe

SABONETE POR MAIS TEMPO

Prefira saboneteiras com furo de escoamento para que a água não acumule e seu sabonete se conserve por mais tempo.

PARA NÃO ESCORREGAR

Coloque um banquinho antiderrapante no interior do boxe para o banho da família ficar mais seguro!

PRATELEIRAS NO BOXE

Prateleiras dentro do boxe também são muito úteis.

ORGANIZE OS BRINQUEDOS

Se você tem filhos pequenos, coloque um suporte ou um cestinho vazado para colocar os brinquedinhos dentro do boxe e mantê-los organizados. Sacos de lavar roupa íntima também são uma boa solução na hora de guardar brinquedos dentro do boxe, pois o tecido vazado proporciona o escoamento da água.

CRIE ESPAÇOS

Se falta espaço no seu boxe para colocar os produtos de banho, **instale um porta-xampu aproveitando o cano do chuveiro.**

AMA
RE
LLO

DICAS MILAGROSAS

dica de ouro

Para evitar que o espelho se cubra de vapor durante o banho, esfregue sabão em pedra por toda a superfície e, em seguida, passe um pano macio, até saírem os resquícios de sabão.

dica ecológica

Não sabe o que fazer com os potes de vidro da cozinha depois que a geleia ou as azeitonas acabam? Prenda na parede do banheiro uma placa de madeira tratada com um verniz impermeabilizante, aparafuse braçadeiras de metal reguláveis e coloque os potes. Nos potinhos, distribua o que você quiser: escovas e pasta de dente, algodão, cotonetes etc. Dessa forma, você aproveita o espaço verticalmente, liberando a bancada. É importante higienizar bem os potes de vidro antes de dar um novo uso a eles.

dica de descarte

Como você joga fora os remédios que estão fora da validade? A maioria das pessoas descarta os medicamentos vencidos no lixo comum ou no vaso sanitário. O problema é que os remédios são compostos por substâncias químicas que contaminam a água e o solo e ainda colocam em risco a saúde de pessoas que podem querer reutilizá-los. O descarte deve ser feito em locais adequados. É cada vez mais comum ter postos de coleta em farmácias e supermercados. O processo é simples. É só separar o medicamento que deverá ser mantido na embalagem original fechada (aquela que tem contato direto com o remédio) e entregar nos postos de coleta. Bulas e embalagens de papel que não têm contato direto com o medicamento podem ser descartadas no lixo seletivo de papel. Esses medicamentos vencidos são levados para usinas preparadas ambientalmente e incinerados. É importante lembrar que não se deve reaproveitar as embalagens de remédios para guardar moedas, temperos ou brincos, devido à potencial contaminação residual. Fique atento: o descarte de medicamentos vencidos não é apenas uma questão de organização. É, principalmente, uma questão de saúde!

capítulo 4

COZINHA

O coração da casa

Você tem dificuldade em deixar sua cozinha organizada? A pia e as bancadas estão sempre cheias de louças e eletrodomésticos? Os alimentos costumam estragar na geladeira? As panelas e potes ficam esquecidos no fundo do armário? Tem utensílios que nunca foram usados? Calma. É possível mudar tudo isso com pequenos hábitos que vão transformar não só sua cozinha, mas seu dia a dia dentro dela.

A cozinha é um espaço que deve ser cuidado com muito carinho e organização. É o lugar onde você prepara os alimentos que vai comer. Quanto mais bagunça, mais sujeira. É uma questão de higiene.

Além disso, cozinha desorganizada não deixa ninguém ter vontade de preparar uma refeição. Com dicas simples, você vai ter uma vida mais sadia e gastar menos dinheiro, comendo menos fora de casa e aproveitando a cozinha para fazer pratos caseiros e saudáveis.

A organização é como uma receita de bolo: se você seguir passo a passo, tem tudo para dar certo. Então, aqui vão os ingredientes para a nossa receita de organização.

ÁREAS DE TRABALHO

Se você leva muito tempo procurando por alguma coisa, significa que ela deve estar no lugar errado. As coisas devem estar onde naturalmente procuramos por elas. É fundamental ter uma cozinha funcional. Pensando nisso, divida a cozinha por áreas de trabalho. Prepare o lugar que você vai cortar os alimentos, deixando tábuas, facas e tudo de que você precisa para essa atividade por perto; o lugar para cozinhar, com os temperos à mão; o local para o café da manhã, com a cafeteira, o açúcar, o espaço para a louça etc.

SEMPRE À MÃO

No armário, as prateleiras em alturas mais acessíveis devem ser preenchidas com **o que você usa com mais frequência no dia a dia**. Assim, fica mais fácil encontrar e guardar os itens. Deixe as prateleiras e os armários mais altos e muito baixos para o que não tem tanto uso.

BANCADAS LIVRES

Deixe as bancadas desimpedidas e ganhe espaço para preparar suas refeições. Tente deixar nelas somente o necessário e os itens que você mais usa.

USE E ABUSE DAS PAREDES

Se a sua cozinha é pequena, não se desespere! Suspenda tudo o que for possível, recorrendo a ganchos, barras e prateleiras.

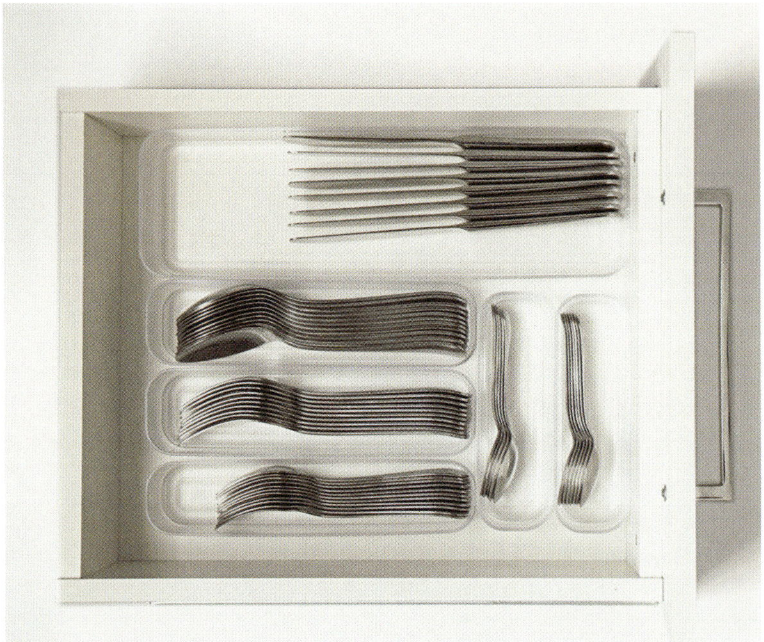

DIVISÓRIAS PARA UTENSÍLIOS

Gavetas podem ser organizadas com **divisórias para utensílios**. Desse modo, você tem menos chances de pegar um garfo quando quiser uma colher! Existem divisórias de todos os tipos e que se adaptam a qualquer gaveta.

FACAS FORA DA GAVETA

Facas não devem ser guardadas em gavetas. Você corre o risco de se cortar ao mexer nelas. **Prefira barras magnéticas,** que podem ser instaladas na parede, perto da bancada de trabalho.

UTENSÍLIOS À MÃO

Conchas, escumadeiras e colheres de cozinha devem ficar **próximas ao fogão**. Uma boa solução é colocar uma barra na parede sobre o fogão e pendurar os talheres em ganchos.

TEMPEROS E ESPECIARIAS

Condimentos de uso constante também devem ficar próximos ao fogão, mas protegidos do calor para não perderem suas propriedades. Coloque um recipiente com os potinhos em uma prateleira próxima ou em uma cestinha aparafusada na parede perto do fogão. Você nunca mais vai perder o ponto do risoto porque não encontrou o sal!

ESPONJAS

Use **esponjas diferentes** para louça que leva gordura, como as panelas e os pratos, e louça que não leva gordura, como copos e xícaras. Para não confundir, use esponjas de cores diferentes. Existem mais de 10 milhões de bactérias na esponja, e algumas podem transmitir diversas doenças. Além disso, essas bactérias produzem um odor desagradável. Por isso, se a esponja for utilizada com muita frequência, troque-a uma vez por semana.

ANTIADERENTES

Panelas com o fundo antiaderente gasto devem ser trocadas imediatamente! Não arrisque sua saúde. Os metais presentes na panela podem se soltar e se misturar com a comida.

GUARDE AS PANELAS

Se você tem um conjunto de panelas, coloque uma dentro da outra. Para as tampas, você pode transformar porta-toalhas em porta-tampas. Instale barras para pendurar toalha de rosto no lado de dentro da porta do armário. É importante que você escolha um modelo de barra de acordo com o tipo de tampas que você tem, calculando a distância entre a barra e a parede para que as tampas se encaixem bem e fiquem firmes. Você ganha espaço nos armários e fica com elas à vista.

LIXEIRA NA PIA

Apesar de prática, a lixeira de pia nem sempre é uma boa solução. A pia é usada para cortar alimentos e não é higiênico cozinhar ao lado do lixo. Prefira as lixeiras acionadas por pedais, colocadas no chão, para que não tenha que encostar as mãos nela.

BANQUINHO

Tenha sempre na sua cozinha um banco antiderrapante. É muito útil para acessar prateleiras mais altas em segurança. Prefira um banco que seja dobrável porque é mais fácil de guardar.

COZINHA AMERICANA

A cozinha americana merece uma atenção especial! Como o ambiente fica totalmente visível, organize com o mesmo cuidado que você teria com a sua sala. Como geralmente é uma bancada utilizada também para fazer refeições, lembre-se de não usá-la para apoiar coisas que ficam no chão.

Despensa

AGRUPE E ORGANIZE

Toda casa deve ter uma despensa. Mesmo que seja um armário pequeno. O mais importante é criar um critério de organização. **Separe por grupos**. Uma prateleira para os **alimentos** que estão **fechados.** Uma para os que estão **abertos.** Um cantinho para os **enlatados**, outro para **garrafas.** Coloque os produtos fechados nas prateleiras mais altas e as garrafas nas mais baixas por serem mais pesadas.

CONTROLE SEU ESTOQUE

Saiba sempre o que tem e o que está faltando. Para evitar o desperdício ou acabar comprando o que não precisa no supermercado. Isso vai te ajudar a fazer uma boa economia nas contas do final do mês. Listas são fundamentais na hora da compra!

DE OLHO NA VALIDADE

Organize os mantimentos pela data da validade. Aqueles que estão perto do vencimento devem ser colocados na frente da prateleira para que sejam consumidos primeiro. Os alimentos que têm um prazo de validade maior devem ficar ao fundo. Use o seguinte critério: o que entrou primeiro, sai primeiro.

MATERIAIS DE LIMPEZA

Nunca guarde materiais de limpeza próximos aos alimentos. Eles podem contaminá-los. O ideal é que sejam guardados na área de serviço.

ALIMENTOS ABERTOS

Potes de vidro ou de acrílico livre de BPA e de boa qualidade são a melhor solução para armazenar os alimentos que foram abertos. Eles não deixam cheiro, conservam melhor os grãos e são mais fáceis de limpar. Prefira potes transparentes, para visualizar melhor os alimentos.

IDENTIFICAÇÃO E DATA

Identifique nos potes de mantimentos o que está sendo guardado. Isso é importante para visualizar rápido o que tem ali. A data de validade também deve ser escrita nos potes. Assim, você não corre o risco de consumir um alimento vencido.

Geladeira

DESCARTE E LIMPE

A organização da geladeira é fundamental para sua saúde e para evitar o desperdício de alimentos. E, como estamos falando de saúde, o primeiro passo é **descartar tudo o que está vencido e limpar a geladeira.**

NA PORTA DA GELADEIRA

Guarde água, sucos, condimentos, geleias e conservas na porta da geladeira. Tudo tampado para não absorver odor de outros alimentos.

SOBRAS DE COMIDAS

Sobras devem ser guardadas tampadas. Isso evita a contaminação dos alimentos e os maus odores na geladeira.

CRIE SETORES

Alimentos crus devem ficar na parte inferior. Alimentos mais perecíveis, como queijos e laticínios, devem ficar na parte superior, que é mais fria. Os preparados, no centro, para não haver contaminação. Lembre-se de retirar produtos enlatados da embalagem original, transferindo-os para um pote com tampa.

ANTES DE GUARDAR

Quando chegar do supermercado, **lave com água e detergente todas as embalagens que serão colocadas na geladeira**. Já imaginou o caminho que aquele produto percorreu até chegar a sua casa? Isso evita que a sujeira e a contaminação desses lugares se instalem no eletrodoméstico.

COMO MANTER AS VERDURAS

Seque bem as folhas no secador de folhas apropriado e guarde--as embrulhadas em papel absorvente dentro de sacos ou potes plásticos bem fechados. Assim elas vão durar mais.

HIGIENIZAÇÃO

Para higienizar sua geladeira, siga as dicas preciosas que o Prof. Dr. Marco Miguel, do Instituto de Microbiologia Paulo de Góes da Universidade Federal do Rio de Janeiro, nos ensinou no *Santa Ajuda*.

1. Desligue a geladeira e remova todos os alimentos antes de começar a limpeza.

2. A remoção da sujeira grosseira, composta por resíduos de alimentos, deve ser feita com pano limpo embebido em água e detergente preferencialmente neutro.

3. Faça a **higienização**. Nesta etapa os germes, que são responsáveis pelos odores desagradáveis, serão eliminados. Todos os produtos antimicrobianos apropriados para uso em alimentos podem ser aplicados (álcool, água sanitária e vinagre), mas em concentrações adequadas. Produtos bastante diluídos não terão efeitos satisfatórios, e os muito concentrados podem deixar odores indesejáveis, ou apresentar efeitos tóxicos.

   a. Dilua 1 colher de sopa de **água sanitária** (hipoclorito de sódio) em 1 litro de água potável. Se a geladeira estiver com muitos resíduos de alimentos ou cheiro muito forte, utilize 2 colheres para 1 litro. A mistura pode ser aplicada com um pano limpo ou ser borrifada, em ambiente bem ventilado. Utilize luvas durante a limpeza. Após a aplicação, deixe agir por 15 a 20 minutos e depois remova com um pano úmido. É importante não misturar a água sanitária e produtos à base de amônia, que podem liberar compostos altamente tóxicos.

   b. Borrife ou passe **álcool** (etanol) com um pano diretamente nas paredes da geladeira. Como ele não deixa resíduo, basta aplicar e esperar evaporar.

   c. Misture 1 xícara de **vinagre** (ácido acético) em ½ litro de água morna e aplique como fez com a água sanitária. Remova depois de 20 minutos com um pano úmido. O vinagre desinfeta e ajuda a eliminar odores.

   d. Dissolva 1 colher de sopa de **bicarbonato de sódio** em um copo de água. Aplique com um pano, deixe agir por 20 minutos e depois remova com um pano úmido. O bicarbonato é usado especialmente para eliminar odores, mas também tem ação desinfetante, apesar de menos eficiente.

É importante lembrar que na limpeza da geladeira só devem ser utilizados produtos indicados para alimentos (álcool, água sanitária e vinagre).
Os produtos de limpeza contendo cresol, eucalipto, pinho, entre outros, são destinados apenas à limpeza de ambientes.

CUIDADO COM OS OVOS!

Ao contrário do que se pensa, colocar ovos na porta da geladeira é uma péssima ideia. Toda vez que você abre a porta, há uma grande variação de temperatura, que pode diminuir a validade dos ovos e aumentar o risco de bactérias. O ideal é que eles fiquem dentro da geladeira e na parte superior, que é mais fria.

NADA DE MAU CHEIRO

Para evitar o cheiro desagradável na geladeira, coloque um pedaço de carvão num pote aberto dentro dela. O carvão funciona basicamente como um filtro ou esponja, no qual as moléculas de odores ficam presas entre os seus poros. No carvão ativado, a tecnologia de produção garante a obtenção de poros muito mais complexos e eficientes que os encontrados no carvão convencional (usado em churrasqueiras), mas ainda assim o uso deste último é válido.

FIQUE DE OLHO NA VALIDADE

Verifique sempre a data de validade de todos os alimentos. Uma boa dica é colocar etiquetas nos produtos que não têm data de validade escrita. Isso serve também para os alimentos colocados no freezer. Para ajudar a identificar, coloque etiquetas informando qual é o alimento, a data em que ele foi feito e o prazo de validade. Deixe as etiquetas em um cantinho perto da geladeira, para usar sempre. Para completar, faça também uma lista com as comidas prontas que estão no freezer, para que não sejam esquecidas. Evite deixar os congelados guardados por muito tempo.

POTES DE VIDRO

Utilize recipientes adequados para o armazenamento de alimentos na geladeira. A dica é usar os de vidro, com tamanhos diferentes e com tampa plástica. Eles são versáteis, garantem uma boa visualização dos alimentos, são mais higiênicos e fáceis de limpar. Prefira os potes que podem ir à geladeira, ao forno e ao micro-ondas.

ORIGINAL
World's Greatest
SUGAR
finest quality
LIMITED EDITION
SINCE 1897

DICAS MILAGROSAS

dica de ouro

Pinte a tampa dos potes com tinta preta e escreva com giz o que está sendo guardado. Além de ser prático, dá um charme a mais na cozinha.

dica de descarte

Separar o lixo e dar a ele um destino correto é importante e mais fácil do que você imagina. Muitas coisas na cozinha podem ser recicladas: garrafas plásticas, vidros, embalagens de detergente, caixas de papelão, embalagens de biscoito, vassouras, óleo de cozinha e até panelas velhas. Existem sites que ajudam nisso. É só colocar seu CEP e ele dá a indicação de vários postos de coleta de reciclagem perto da sua casa. Aproveite e envolva as crianças na separação dos materiais recicláveis. Elas podem brincar de separar cada coisa em seu lugar e naturalmente aprender sobre educação ambiental.

dica ecológica

Se você não tem prateleiras, uma solução superbarata, sustentável e charmosa é usar caixotes de feira na parede. Com criatividade, você reaproveita um objeto que iria para o lixo e deixa sua casa organizada e linda.

Para reutilizar os caixotes, você precisa higienizá-los e prepará-los. Em primeiro lugar, retire os resíduos, lave-o com água e sabão e deixe secar bem, de preferência ao sol. Depois de secar, passe uma lixa própria para madeira por toda a superfície, por dentro e por fora, para remover as farpas. Pinte-os ou envernize-os para proteger a madeira.

É aconselhável reforçar a fixação das tábuas para não abrirem com o peso. Para fixar na parede é possível utilizar cantoneiras ou até mesmo mãos-francesas para aumentar a capacidade de sustentação de peso dos caixotes. Você pode ainda customizar as peças colocando ganchos para xícaras e prateleiras para criar novas alturas dentro das caixas.

capítulo 5

ÁREA DE SERVIÇO

O centro operacional da casa

Se você tem vergonha de mostrar um cantinho do seu lar, certamente esse lugar é a área de serviço. É lá que quase todo mundo esconde a bagunça. E como normalmente a área fica em uma parte da casa que ninguém vê, acaba caindo no esquecimento. Mas é fundamental se lembrar dela. A área de serviço é o centro operacional da casa. É como a coxia do teatro. Se está desorganizada, prejudica o andamento da cena. Para o espetáculo acontecer, esse espaço precisa estar organizado e ser funcional. O mesmo acontece com o restante da casa.

Independentemente do tamanho, seja pequena ou grande, sua área de serviço pode se tornar funcional, bonita e organizada, com cada coisa em seu lugar. As tarefas de limpeza vão se tornar muito mais agradáveis e fáceis. Você vai perder menos tempo cuidando e limpando e terá mais tempo para relaxar e curtir a vida. Então, coloque uma música alta, uma roupa confortável e tire o dia para se divertir transformando de vez sua área de serviço. No fim, você vai ter até vontade de levar suas visitas para conhecê-la.

CRIE SETORES

Separe o local da roupa, do material de limpeza, dos animais etc. Assim, você visualiza melhor todos os itens guardados. E o mais importante: se tirar alguma coisa para usar, devolva para o mesmo lugar. Assim, não existe a chance do espaço ficar desorganizado.

MATERIAIS DE LIMPEZA

Para organizar os materiais de limpeza, use recipientes plásticos, que são fáceis de lavar. Reúna os materiais por tipo e uso. Agrupe, por exemplo, os produtos que utiliza para lavar roupa, como sabão em pó, amaciante e tira-manchas, em uma mesma cesta. Em outra, os produtos que utiliza para limpar a casa. Isso vai poupar seu tempo na hora de executar o serviço.

SABÃO EM PÓ

Guarde o sabão em pó em embalagens apropriadas. Esses recipientes plásticos vêm com um dosador e costumam ser transparentes. Isso vai ajudar a evitar o desperdício, pois a caixa de papel molhada estraga o sabão, além de o recipiente facilitar a visualização quando o sabão estiver acabando.

INSTALE BANCADAS E PRATELEIRAS

Você consegue acomodar tudo de que precisa na área ao instalar prateleiras: sabão em pó, amaciante, escovas etc. Deixe tudo à vista e fácil de pegar. Bancadas são fundamentais para o trabalho. Nelas, podemos apoiar baldes e bacias durante as atividades e até separar roupas.

VASSOURAS NA PAREDE

Instale um **suporte para vassouras** e ganchos para pendurar os utensílios de limpeza.

TUDO NUM CESTO SÓ

Para facilitar o **serviço de limpeza da casa,** deixe pronta uma cesta ou balde com os produtos que utiliza para faxina. Coloque desde produtos que usa para a lavagem do banheiro até o piso da sala. Inclua também panos e escovas. Isso vai evitar que você tenha que interromper o serviço para buscar um produto que faltou.

IDENTIFIQUE BALDES E BACIAS

Você pode ter **baldes em cores diferentes** para limpeza e para lavagem de roupas. Nunca utilize os baldes que você manipula produtos de limpeza para lavar sua roupa.

ATENÇÃO REDOBRADA

Não deixe produtos químicos ao alcance de crianças e bichos de estimação! É perigoso. Sempre coloque em lugares mais altos ou providencie travas para os armários baixos.

ÁREA LIVRE

Instale **varais suspensos para estender roupas**. Eles ajudam na livre circulação da área.

VARAL PARA OS PANOS

Instale um pequeno varal exclusivamente para os **panos de chão** e seque-os longe das roupas. É importante que fiquem bem secos para evitar o mau cheiro.

MATERIAL EM DIA

Tenha em sua casa os **utensílios adequados para faxina**. Isso vai ajudar muito. Você vai precisar de uma vassoura de cerdas compridas e duras para lavar banheiros e cozinhas, e outra que seja adequada ao piso de sua residência. Em geral, as de cerdas curtas e macias são mais indicadas para remover a sujeira de salas e quartos. Um rodo e um kit de pá com escovinha também são essenciais. Reponha os utensílios à medida que ficarem velhos e perderem a eficiência.

PANOS PARA CADA AMBIENTE

Determine uma cor de pano de chão para cada ambiente. Se não encontrar panos em cores diferentes, identifique os panos determinando o cômodo em que devem ser utilizados. O pano de chão usado na limpeza do banheiro, por exemplo, não deve ser utilizado em outros cômodos, principalmente na cozinha.

SEPARE POR COR

Lave separadamente roupas claras e escuras. Para roupas de cor, prefira agrupá-las pelos tons predominantes para evitar manchas.

MÁQUINA DE LAVAR

Limpe a máquina de lavar uma vez por mês. Assim, a sujeira da roupa e os resíduos de sabão não se acumulam. Coloque 1 litro de água sanitária e deixe a máquina fazer um ciclo completo, com o nível de água alto. Depois, é só fazer um ciclo curto, usando somente água. Simples assim.

VERIFIQUE OS BOLSOS

Confira se existe algo nos bolsos antes de lavar as roupas. Se a roupa tiver algum broche ou enfeite, tire-o também, porque isso evita que a peça estrague, rasgue ou desfie, ou ainda que danifique a máquina.

CUIDE DAS PEÇAS MAIS SENSÍVEIS

Existem duas opções para lavar sem estragar: a primeira é lavar à mão, no tanque ou debaixo do chuveiro, com sabão próprio ou neutro. A segunda é usar um saquinho especial para peças íntimas e lavá-las em ciclos para roupas delicadas na máquina.

EXCESSO DE ESPUMA

Quando cair muito sabão na máquina, coloque um pouco de sal para reduzir a espuma. O sal também pode ser usado para evitar que as roupas soltem tinta.

ROUPAS DAS CRIANÇAS

Lave as roupas das crianças separadamente. Roupas, mantas, fraldas, lençóis e fronhas de bebê têm que ser muito bem higienizadas porque o recém-nascido tem a pele sensível. É uma questão de saúde, pois o bebê é mais suscetível a alergias e irritações provenientes de poeira, ácaros e fungos. É fundamental lavar tudo antes de usar. Utilize apenas água e sabão de coco ou neutro, que têm menos ácido e perfume na composição. Existem alguns produtos próprios para esse fim. Não há nenhuma contraindicação em usar a máquina de lavar, mas é recomendado separar as peças dos pequenos das roupas dos adultos.

JEANS DO AVESSO

Coloque as calças jeans para secar sempre do avesso e presas pelos tornozelos. Assim, os bolsos e o cós secam totalmente.

LIMPEZA DOS SAPATOS

Coloque na área de serviço uma sapateira para os sapatos que precisam ser limpos, pois eles transportam muita sujeira trazida da rua. Crie o hábito de limpar os sapatos antes de guardá-los.

Para limpar os sapatos, esfregue as solas de um no outro para retirar os resíduos mais sólidos. Depois, limpe a parte de cima com um pano ou escova secos e limpe as solas com uma escova úmida (que deve ficar separada e ser usada apenas para esse fim). É importante deixá-los secar bem antes de guardar.

TANQUE SEMPRE LIMPO

Tenha atenção com a limpeza do tanque. Ele comporta a lavagem de pano de chão a roupas íntimas. Utilize um desinfetante imediatamente após lavar a vassoura ou um pano de chão e deixe-o pronto e desinfetado para o próximo uso.

ROUPA SECA

Na hora de recolher as roupas secas, dobre tudo imediatamente para as peças não estarem muito amarrotadas na hora de passar.

Não guarde peças molhadas ou úmidas, sempre deixe-as secar em local ventilado que pegue sol.

SEQUE NO CABIDE

Depois de lavar, **pendure a camisa social em um cabide** e coloque no varal. Desse modo, a camisa já seca esticada, o que facilita muito na hora de passar.

Quarto da bagunça

DIVIDA POR ATIVIDADE

Quase todo mundo tem um **cantinho da bagunça em casa**. É um espaço onde se guarda tudo aquilo que não tem um lugar certo. Coisas das mais variadas funções e utilidades. De bicicletas a cartas de amor. Normalmente esse espaço precioso e caótico é o quartinho que fica na área de serviço. Por ser um cômodo que reúne peças tão diferentes, o primeiro passo para colocar ordem no pedaço é **dividir o espaço por atividade**. Crie um canto para as ferramentas, outro para os materiais esportivos etc.

TRIAGEM

Elimine tudo aquilo que não tem mais utilidade ou está quebrado. Não guarde o que deveria ter ficado para trás. Sempre se pergunte há quanto tempo você não usa aquele objeto e qual a função dele no seu dia a dia. Se você não usa há anos, provavelmente não vai usar nos anos seguintes também. **Para facilitar o processo de eliminação**, retire tudo do quarto e devolva apenas aquilo que realmente vai precisar guardar.

OTIMIZE O ESPAÇO

Aproveite os espaços aéreos para otimizar ao máximo as áreas disponíveis. Se o pé-direito for alto, instale prateleiras altas para acomodar coisas que não precisam ser acessadas com frequência, como arquivo morto, sobras de obra, acessórios de carro etc.

SUBA PELAS PAREDES

Crie espaços para acomodar seus pertences. Prateleiras feitas de tábuas com mãos-francesas são simples de fazer e podem ajudar na organização.

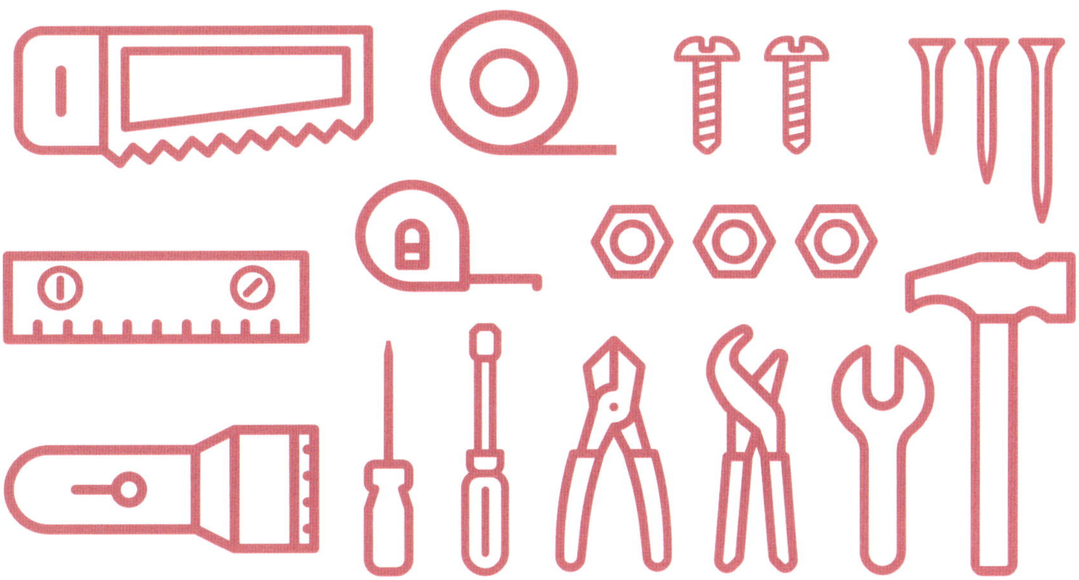

KIT BÁSICO DE FERRAMENTAS

Toda casa precisa de um **kit básico de ferramentas**. Elas são fundamentais para pequenos reparos e eventualidades do dia a dia. Tenha em casa: martelo, conjunto de chaves de fenda (que inclua uma do tipo Philips), alicate universal, alicate de pressão, trena, nível, chave de teste, fita isolante, lanterna, arco de serra, pregos, parafusos e buchas. Uma furadeira pode ser um bom investimento, mas você terá que aprender a manuseá-la.

ESTOQUE

Tenha sempre peças para reposição. Em vez de comprar uma lâmpada, compre duas para ter uma no estoque. Assim, você não será pego de surpresa.

EXTENSÃO DA ÁREA

Muitas vezes a área de serviço é pequena e é preciso utilizar parte do quarto da bagunça para acomodar coisas que não cabem na área, como tábua de passar e escada. Determine um canto para guardar esses itens, criando todas as condições para a execução da tarefa: instale ganchos para acomodar a tábua e o ferro; deixe um cesto para acumular a roupa a ser passada; separe outro cesto para organizar a roupa que acabou de ser passada e dobrada; para a peças recém-passadas que serão penduradas, instale um suporte para acomodar os cabides que serão guardados.

MEMÓRIA AFETIVA

Valorize a memória afetiva, mas tenha cuidado para não ser engolido por ela. Muitas vezes dizemos que amamos alguns objetos, mas isso pode nos aprisionar a coisas que não são fundamentais na nossa vida. Objetos não são pessoas. Lembranças afetivas devem ser guardadas, mas selecione apenas uma parte delas. Se você guarda muitas roupas da infância do seu filho, que tal escolher uma mais especial e fazer um quadrinho com ela para pendurar em um local visível? Em vez de ocupar um espaço esquecido, essa recordação estará presente no seu dia a dia. Pegue as demais peças e doe para um bebê que está chegando.

DICAS MILAGROSAS

dica ecológica

Economize energia nos serviços domésticos, reduza seu gasto mensal e ajude a preservar o ambiente.

• **Acumule roupas na hora de lavar** na máquina e lave tudo de uma vez. Isso economiza água e energia! Outro jeito de economizar é utilizar somente a dosagem correta de sabão especificada pelo fabricante.

• **Passe todas as roupas de uma vez só.** O ferro consome de 5% a 7% do valor da conta de energia elétrica. O maior consumo se dá no ato de ligar e aquecer o aparelho. Por ser um eletrodoméstico que funciona por meio de uma resistência elétrica, o aquecimento é gradativo e demorado. Por isso, evite ligar e desligar muitas vezes o aparelho para passar quantidades menores de roupas. Roupas mais delicadas precisam de menos calor para que fiquem sem vincos, então, passe um pouco dessas peças no começo, quando o ferro está esquentando, e no final, com o aparelho já desligado, aproveitando o calor que ficou acumulado na chapa.

dica de descarte

Tenha muito cuidado ao jogar no lixo objetos pontiagudos ou cortantes que ofereçam perigo de ferir você mesmo e outras pessoas, como os funcionários do prédio e os trabalhadores da limpeza urbana. Além de oferecer riscos de doenças infecciosas, materiais perigosos descartados de forma incorreta causam danos à saúde pública e ao meio ambiente. Embrulhe bem em jornal os objetos quebrados (como potes de vidros, garrafas e espelhos) e também os objetos cortantes (como ferramentas quebradas, tesouras e lâminas) e coloque-os em embalagens fechadas resistentes à perfuração. Uma ideia é utilizar caixas de leite vazias. É só cortar a parte superior da caixa, colocar o objeto, que já deve estar embrulhado em jornal, e dobrar a embalagem, fechando-a com uma fita adesiva na qual possa identificar que ali contém objeto cortante. Desse modo, o risco de acidentes será bastante reduzido.

dica de ouro

Para evitar dor de cabeça na lavagem de roupas, observe bem os símbolos e siga as instruções indicadas nas etiquetas.

LAVAR

Lavar à mão ou à máquina

70

O número indica a temperatura máxima

Centrifugação reduzida

Somente lavagem manual

Proibido lavar na água

ALVEJAR

Não usar alvejante à base de cloro

CL

Permitido o uso de alvejante à base de cloro

SECAR

Temperatura mínima

Temperatura máxima

Proibido usar secadora

Secar pendurado

Secar pendurado sem torcer

Secar na horizontal sem torcer

PASSAR

Máximo 110°C

Máximo 150°C

Máximo 200°C

Não passar

LAVAR A SECO

A

Todos os solventes

P

Usar hidrocarboneto ou percloroetileno

F

Usar hidrocarboneto

Restrição ao uso de água, temperatura e/ou centrifugação

Não limpar a seco

capítulo 6

ESCRITÓRIO

DOCUMENTOS LARA
RECIBOS 2016
RECIBOS 2015
RECIBOS 2014
gnt

Central de comando

Eu imagino que, neste momento, a sua casa já esteja entrando nos eixos. Mas ainda não acabou! Tem um cômodo que, muitas vezes, é um verdadeiro caos. Abarrotado de livros, documentos, contas e muitos papéis. Já adivinhou que cômodo é esse? Ele costuma ser um dos grandes problemas de quase todas as residências. É o nosso escritório em casa.

Assim como nos outros ambientes, o seu local de trabalho em casa precisa ser funcional e estar com tudo no devido lugar. Um espaço organizado vai ajudar a otimizar seu tempo e evitar a desordem mental e a incapacidade de concentração, além de diminuir o risco de você perder algum papel importante.

Em muitos casos, nosso escritório fica no quarto, em um canto improvisado ou até mesmo em um lugar comum da casa, o que dificulta ainda mais a organização. Mas não se preocupe. Se você chegou até aqui, vamos seguir em frente. A organização pode ser mais fácil do que parece.

Neste capítulo, você vai aprender a deixar tudo em ordem, sem ter que fazer hora extra!

DO MACRO PARA O MICRO

Assim como em todos os processos de organização, **o primeiro passo é uma boa triagem**. Nesse caso, como será necessário olhar tudo com muito cuidado para não eliminar documentos importantes, adote um critério de partir do **macro para o micro**. A organização das áreas grandes (macro) vão gerar um conforto imediato e lhe darão ânimo para seguir em frente. Comece organizando as partes mais visíveis do cômodo, como os livros das estantes e a superfície das mesas. Não se perca no micro, como o interior das gavetas ou miudezas, nesse primeiro momento.

ORGANIZE OS LIVROS

Para facilitar a consulta, é importante ter os livros organizados. Uma boa maneira é agrupar por assuntos. Isso facilita a busca e o acesso. Use bibliocantos, que são suportes para sustentar livros. Eles ajudam a manter os volumes em pé. Crie também espaços entre os assuntos, para ter uma melhor visualização.

CADA COISA EM SEU LUGAR

O segredo para ter um ambiente visualmente limpo é **criar espaços adequados para armazenar seu material de trabalho**. Instale prateleiras ou estantes onde for possível. Assim, você vai ter um **espaço certo para cada coisa**.

DEIXE AS SUPERFÍCIES LIVRES

Tenha apenas o essencial na bancada de trabalho e libere espaço para usar o computador, ler e escrever.

PRATELEIRAS, SEMPRE PRATELEIRAS

Prateleiras com trilhos são uma opção prática para ter mais espaço, pois você pode regular a altura de acordo com a necessidade. **Deixe as prateleiras próximas à mesa para os itens que você mais utiliza.** Os trabalhos de consulta mais esporádica vão para as prateleiras superiores ou distantes da bancada.

REÚNA OS FIOS

Nesse mundo tecnológico, fios são sempre um problema. **Use um organizador próprio para deixá-los todos unidos e acabar com aquele eterno aspecto de bagunça no seu escritório.**

LUZ E CONFORTO

A iluminação é essencial para o trabalho. Invista numa boa luminária ou posicione sua mesa de forma a receber luz natural. **Uma cadeira confortável com braços e altura adequada** para a mesa também são importantes para seu conforto e saúde.

AGORA, OS DETALHES

Depois de criar os espaços adequados para organizar as partes mais visíveis do ambiente (macro), **é hora de passar para a organização mais detalhada (micro)**. Crie uma ordem de prioridades para iniciar suas tarefas. Comece por aquilo que você acessa com mais frequência.

PASTAS E MAIS PASTAS

Se você possui um grande volume de documentos e papéis, um arquivo para **pastas suspensas** pode ser uma boa solução. É uma forma fácil de manusear os documentos, pois são pastas abertas e suspensas em trilhos. Você só precisa identificar cada pasta por assunto.

PASTAS COLORIDAS

Utilize **pastas de cores diferentes** para arquivar documentos por categorias. Cada cor para um grupo de assuntos. Por exemplo: pastas verdes para documentos de assuntos domésticos; azuis para documentos de trabalho; amarelas para documentos relativos aos filhos e assuntos pessoais etc. Isso vai agilizar a busca aos arquivos.

IMPRIMA SOMENTE O NECESSÁRIO

Imprima somente informações fundamentais. Você vai gerar menos desordem e ainda vai ajudar o meio ambiente.

NÃO ACUMULE PAPÉIS

Limite a entrada de papéis em sua casa. Controle a chegada de panfletos, folhetos de loja e impressos que acompanham a correspondência diária. Elimine imediatamente todos os papéis desnecessários. Não deixe acumular.

ORGANIZE AS CONTAS

Para evitar o atraso do pagamento de suas contas, **organize pastas de contas a pagar e de contas pagas**. Assim que verificar as correspondências, distribua cada uma corretamente.

FORA DE ALCANCE

Sabe aqueles **documentos antigos** que você precisa guardar, mas provavelmente não vai precisar tão cedo? Separe todo esse arquivo (projetos antigos, imposto de renda, comprovantes de pagamentos, contas e coisas do gênero) em pastas por categoria e identifique cada uma para saber onde encontrá-las no futuro. Reserve a esses arquivos aqueles locais de menor acesso. E só guarde o que for necessário.

ARQUIVOS DIGITAIS

Seus documentos virtuais também merecem atenção. **Mantenha o computador sempre organizado.** Faça backup dos arquivos para não correr o risco de perdê-los. Além disso, também organize virtualmente os documentos em pastas para encontrá-los com facilidade.

ARRUME SEMPRE

O grande segredo para ter o escritório sempre organizado é a manutenção. Agora que você criou um lugar certo para cada coisa, terá que adotar rotinas para cultivar a organização. Mantenha o hábito de limpar sua mesa todos os dias ao concluir suas tarefas. Deixe em cima da mesa apenas o necessário e guarde cada coisa em seu lugar.

ESTOQUE

Organize as gavetas com **divisórias para separar itens menores**, como grampos, clipes, elásticos etc. Mantenha um pequeno estoque com os itens de papelaria que você utiliza para não ser pego de surpresa no meio do trabalho por falta de material.

SMILE!
DOCUMENTOS KIKA
DOCUMENTOS PEDRO
DOCUMENTOS
A4
A5
A6

DOCUMENTOS LARA
RECIBOS 2016
RECIB S 2015
RECIBOS 2014
EVANDRO TEIXEIRA
BEYOND BASIC PHOTOGRAPHY
PAUL STRAND
APERTURE
KELD MOSEHOLM JØRGENSEN

DICAS MILAGROSAS

dica de ouro

Você tem o costume de espalhar por sua mesa de trabalho mil papeizinhos com lembretes, contatos de telefone, datas de eventos e listas de tarefas? Muitas vezes perde essas informações e acaba se esquecendo de um compromisso? Se você se reconheceu nessa descrição, uma boa ideia é ter um **quadro negro**. Isso pode ser simples e barato. Pinte uma das paredes do seu escritório (de preferência perto da sua mesa de trabalho) com tinta preta fosca. Compre giz e apagador e escreva todas as tarefas importantes. Seus compromissos e tarefas ficarão à vista e você pode atualizar as informações com facilidade.

dica ecológica

Seja criativo e dê novos usos para velhos objetos. Uma boa ideia é utilizar um porta--xampu como suporte para os itens de uso frequente do escritório. Lápis, canetas, tesouras e outras coisas. Vai ficar lindo e prático!

dica de descarte

Como você descarta um equipamento eletrônico obsoleto ou quebrado? E os cartuchos de tinta para impressão? Lixo eletrônico e cartuchos não podem de forma alguma ir para o lixo comum! Leve o que está quebrado em postos de coleta especializados, para que seus componentes sejam separados e reciclados. Equipamentos eletrônicos ultrapassados, mas que ainda estão em funcionamento, podem ser doados para ONGs e instituições que ofereçam cursos de informática. O que é inútil para você pode ser muito útil para outra pessoa.

capítulo 7

ÁREA EXTERNA

Descanso ao ar livre

A área externa é sempre um atrativo irresistível em uma casa ou apartamento. Em um tempo em que cada vez mais as pessoas se apertam em lugares menores para morar, um espaço ao ar livre é, literalmente, um respiro na vida de qualquer um!

Não é mesmo um privilégio ter um cantinho onde é possível tomar um banho de sol pela manhã ou uma brisa em uma noite de verão? Além desses pequenos grandes prazeres, um espaço como esse pode ser destinado a mil utilidades. Desfrutar de um bom café da manhã, ler o jornal à luz do dia, cultivar uma horta de temperos, criar um jardim com nossas plantas prediletas, reunir equipamentos esportivos e de lazer, receber amigos e familiares para um churrasco de domingo. Enfim, são muitas as possibilidades que uma área externa proporciona aos seus frequentadores.

Porém, um cômodo que naturalmente é dedicado ao prazer pode se tornar uma dor de cabeça se não for bem organizado. Com seu perfil multiúso, uma área externa precisa ser um local onde cada coisa assuma seu devido lugar, sem confusões. Por conta disso, reuni algumas dicas simples que farão toda a diferença no modo de usufruir desse ambiente.

ORGANIZE OS ESPAÇOS

Para começar a organização, invista na **setorização** da área externa. Um ambiente destinado a **vários usos** só funcionará perfeitamente se tudo estiver disposto de forma **prática e fluida**. Por isso, crie pequenos setores dentro da área: um espaço confortável para receber amigos e fazer churrasco, um canto para materiais esportivos, outro para horta e jardim e assim por diante.

Jardim e horta

CULTIVE UM JARDIM

Plantas amenizam o calor de qualquer ambiente. Por isso, cultivar um jardim, além de ser um bom passatempo, é uma ótima forma de manter a temperatura mais amena. Antes de criar o jardim, **procure saber quais plantas são ideais para espaços ao ar livre.** Analise as condições de sol, vento e claridade do local para encontrar as espécies ideais ao seu espaço.

KIT DE JARDINAGEM

Invista em um **kit básico de jardinagem** e pendure todos os aparatos na parede. É só fixar tudo à mostra, para facilitar a utilização. Fica prático e bem charmoso!

TEMPEROS À MÃO

Você é fã de cozinha e preza sempre por produtos frescos à mesa? Uma área externa pode ser sua grande aliada! Cultive nela uma hortinha de ervas e temperos. Se a sua área não tem canteiros, plante-as em vasos de tamanho médio, para que elas possam se desenvolver de forma saudável.

Materiais esportivos

PENDURE PELAS PAREDES

Para ganhar espaço no cômodo, opte por uma **arrumação vertical dos seus materiais esportivos e de lazer.** Uma boa solução é instalar ganchos nas paredes para suspender bicicletas, skates, patins etc. Assim, você consegue um aspecto mais organizado para o ambiente, ganha espaço de circulação e conserva melhor os equipamentos.

CESTOS PARA ORGANIZAR

Cestos nas paredes são ótimos para armazenar equipamentos menores e complementares. Capacetes, joelheiras, tornozeleiras e outros itens podem ser reunidos, para evitar perdas e danos. Além do mais, os cestos possibilitam a visualização do que tem dentro. Encontrar os objetos também ficará muito mais prático!

PRANCHA NO ALTO

Se você tem prancha de surfe, uma boa ideia é instalar um suporte no alto da parede, para servir de apoio. Por ser um objeto grande, ela acaba atravancando a circulação do cômodo. Sem contar que esse suporte evita danos e deformações na prancha.

Churrasqueira

TENHA SEMPRE TUDO À MÃO

Em dias de churrasco você fica indo e vindo da cozinha para pegar tudo de que precisa? Monte o **espaço para a churrasqueira** com todos os utensílios necessários para fazer um bom churrasco. Um *cooler* para gelar as bebidas e uma mesa de apoio para cortar as carnes são itens que vão facilitar a logística do evento. Invista também em pratos, copos, talheres, uma boa tábua, uma faca de corte, um garfo grande e uma pinça para manipular as carnes na churrasqueira. Grelhas e espetos podem ser pendurados em ganchos na parede, mas sempre longe do alcance das crianças. Tome todas as precauções para evitar acidentes e contratempos!

GELADEIRA EXTERNA

Se você tem uma **geladeira** na área externa, é bom instalar esse eletrodoméstico **longe da churrasqueira**. O calor pode prejudicar o desempenho do equipamento. Com o tempo, a geladeira pode pifar de vez e o prejuízo será ainda maior.

PARA NÃO FALTAR

Quando planejar um churrasco, calcule a **quantidade de carne e comida** de acordo com o número de **convidados**. Isso é fundamental para que ninguém saia insatisfeito do seu evento. **Se alguém for vegetariano**, você pode fazer espetinhos de legumes. É fácil de preparar e fica uma delícia! Assim, até quem não come carne também vai aproveitar o churrasco.

GELADINHA EM MINUTOS

Para gelar bebidas em cinco minutos, coloque a garrafa a ser resfriada dentro de um balde de metal, cubra com gelo, acrescente dois punhados de sal e meio litro de álcool. Pronto, a bebida gelada está garantida!

À DISPOSIÇÃO DOS CONVIDADOS

Organize a mesa de maneira que todo mundo possa se servir. Desse modo, você, como anfitrião, não vai ter que se preocupar em ficar pegando pratos, copos e talheres a toda hora. Uma boa sugestão é providenciar louças de material inquebrável, própria para churrascos. Coloque tudo à disposição dos convidados e não se esqueça dos guardanapos.

COPOS DE ACRÍLICO

Evite servir as bebidas em **copos de vidro**. A área externa é um local em que as pessoas costumam andar descalças ou de chinelos, e copos de vidro podem se quebrar e machucar alguém. **Dê preferência aos de acrílico.**

TOALHA IMPERMEÁVEL

Cubra as mesas com toalhas de tecido impermeável que são resistentes ao sol, à chuva e também são fáceis de limpar, caso alguém derrame alguma bebida sobre a mesa.

SEM CHEIRO DE FUMAÇA

Evite cheiro forte de churrasco pela casa colocando uma esponja embebida em vinagre perto da churrasqueira. Dessa maneira, sua casa não vai ficar cheirando a churrasco pelos próximos dias.

PROTEJA O CARVÃO

Áreas externas estão sempre sujeitas a chuvas. Por isso, **retire o carvão da embalagem original, de papel, e armazene-o em um recipiente impermeável, como uma caixa plástica com tampa hermeticamente fechada**. Desse modo, você evita a frustração de encontrar o carvão todo molhado momentos antes de acender a churrasqueira.

XÔ, MOSCA!

Tem coisa mais chata do que moscas perturbando a paz de sua refeição? Em um churrasco, elas parecem ficar ainda mais ouriçadas! **Para espantar esses insetos, espete cravos em metades de limão** e coloque-as em lugares estratégicos.

GARFOS
FACAS

DICAS MILAGROSAS

dica de ouro

Para desengordurar panos de prato, depois do churrasco, lave-os com água morna misturada com vinagre e sal. É simples e eles vão ficar limpinhos para o próximo uso.

dica ecológica

Uma boa ideia para organizar a mesa na área externa é **reaproveitar vasinhos de cerâmica para colocar talheres**. Para isso é fundamental higienizá-los, retirando todo o resíduo de terra. Você ainda pode colocar dentro do vaso um guardanapo ou um pedaço de tecido para evitar o contato direto com o vaso. Sua mesa vai ficar funcional e linda sem gastar nada.

dica de descarte

Separe bem o seu lixo. Para facilitar a separação dos materiais a serem descartados em churrasco ou eventos na área externa, tenha lixeiras seletivas. Uma para latas, outra para restos de comida e uma terceira para embalagens secas (como saco de carvão, papelão etc.). Assim, tudo ficará mais fácil quando a festa acabar.

LOWERS
&
GARDEN
DOCUMENTOS KIKA
DOCUMENTOS PEDRO
DOCUMENTOS JULIA

RECIBOS 2016
RECIB S 2015
RECIBOS 2014

Manter é mais que preciso

Missão cumprida! Você conseguiu organizar cada cômodo da casa e descobriu o quanto a organização pode mudar a sua vida. Mas a jornada ainda não terminou. Agora é hora de transformar tudo isso em hábito.

Tornar-se organizado é **como uma reeducação alimentar**. É um processo e não uma tarefa para apenas um dia. Você não se tornou desorganizado da noite para o dia e nem vai mudar isso do dia para a noite. **De nada adianta organizar toda a casa e não criar mecanismos para mantê-la em ordem.** Assim como não adianta fazer dietas malucas e depois voltar a comer errado de novo.

Algumas dicas vão ajudar você a não deixar a bagunça dominar de novo sua vida. Adote essas ideias em sua rotina e veja como a organização será incorporada ao seu cotidiano como um hábito tão simples quanto escovar os dentes.

Faça destas dicas um mantra

- ***Se há algo a ser feito, faça.***
- ***Se tirou do lugar, coloque de volta.***
- ***Se pegou emprestado, devolva.***
- ***Se quebrou, conserte.***
- ***Se começou, termine.***

A união faz a força. **Inclua a família nas tarefas da casa.** Cada membro da família pode se encarregar de uma função. Se um cozinha, o outro pode lavar a louça. Se um cuida da roupa da casa, o outro fica responsável por retirar o lixo. Cada um fazendo a sua parte, fica mais fácil para todos.

Compre menos. Cada coisa que você adquire ocupa espaço e pode ser mais um elemento para contribuir com a bagunça. Antes de comprar algo, responda a três perguntas:

- **Eu preciso disso?**
- **Tenho dinheiro?**
- **Onde vou guardar?**

Todas as respostas devem ser positivas para você efetuar a compra. Seja um consumidor mais consciente.

Não deixe acumular. Quando chegar em casa com uma nova aquisição, elimine imediatamente uma peça que você não usa mais.

Veja quais itens não têm utilidade em sua casa e se desfaça deles. Objetos inúteis ocupam espaços valiosos e dificultam a organização e a limpeza. Se você não usou alguma coisa durante um ano, é provável que você não precise mais dela. Todavia, isso não inclui peças afetivas.

Não faça muitas tarefas ao mesmo tempo. Você acaba se dispersando e corre o risco de não concluir nenhuma delas, além de ficar esgotado desnecessariamente. Finalize o que você começou.

Esqueça a preguiça. Não deixe nada para depois. Amanhã é outro dia e você terá novas demandas.

Organize seu tempo. Ele é nosso bem mais valioso. Todo dia ganhamos 24 horas. São 1.440 minutos para fazer tudo que você escolher. A diferença entre pessoas bem-sucedidas e outras que nunca conseguem o que querem é como cada uma usa seu tempo.

Adote o hábito de elaborar listas. Organize seu dia e suas tarefas listando tudo o que você precisa fazer. Comece pelo que é mais importante e vá marcando as atividades concluídas.

Uma boa dica é calcular um tempo médio para cumprir cada função. Isso ajuda a distribuir as tarefas no tempo disponível para terminá-las.

Espero que essas dicas sirvam de inspiração para você organizar não só a sua casa, mas toda a sua vida. Ser organizado faz você economizar tempo para gastar com o que realmente importa. Vale a pena investir em você e em sua qualidade de vida.

Pode ser mais fácil do que parece.
Pode ser simples ser organizado.

Dicas da vovó Risoleta

Este livro não poderia existir sem as dicas preciosas de minha avó Risoleta, minha musa inspiradora. Com ela eu aprendi que a organização está nos detalhes e é uma ferramenta muito eficaz para o perfeito funcionamento da engrenagem doméstica. Na casa dela tem café com bolo a qualquer hora, pratas sempre limpas, estofados impecáveis, franjas dos tapetes penteadas, pavê de sobremesa e lençol dobrado na ponta como vemos em um hotel. Tudo funciona com harmonia e naturalidade. E isso nos faz pensar se as coisas não poderiam ser diferentes.

Tenho tido o privilégio de contar com a participação dela no *Santa Ajuda* e a honra de compartilhar com vocês alguns conhecimentos passados de vó para neta. Separei algumas dicas preciosas que vovó Leleta me ensinou.

ESPELHOS

Parece simples, mas muita gente não sabe a maneira correta de limpar espelhos em casa. O fundamental é que, antes de passar qualquer produto no espelho, você passe um pano seco para retirar a poeira acumulada. Se ele estiver engordurado, passe um papel-toalha seco bem de leve.

Outro segredinho é nunca aplicar nenhum produto diretamente no espelho. Sempre aplique produtos de limpeza num pano. Use um pano limpo, tipo flanela, ou de um tecido que não solte fiapos. E, para manchas de dedos, utilize apenas um pano com água morna.

Se seu espelho já está antiguinho, é só esfregar uma folha de jornal seco antes de limpar.

MOFO

Vamos acabar com o mofo? Se você guarda papéis ou livros em armários ou gavetas fechadas, é comum aquele cheirinho de mofo. Para evitar isso, coloque potinhos com bicarbonato de sódio nos cantos dos nichos e gavetas.

Outra boa opção é comprar ou fazer sachês de sílica granulada, que você pode encontrar em qualquer loja de produtos de limpeza.

Se o cheiro de mofo impregnar o ambiente, você pode borrifar o cômodo com vinagre branco e isso vai neutralizar os cheiros.

Adeuzinho, cheiro de mofo!

TÊNIS

Para os rapazes que amam os seus pisantes, é sempre bom saber como conservar e limpar o seu tênis preferido.

Nunca seque os tênis molhados com secador de cabelo! O calor deforma e resseca as espumas e borrachas. Também nunca deixe os tênis de molho. E evite produtos de limpeza como amaciantes e alvejantes.

Para limpá-los, use um pano úmido no tecido do lado de fora e do lado de dentro. E uma escova de cerdas duras molhada com água e sabão neutro para a sola. No final, use um pano úmido somente com água para tirar o excesso de sabão. Para eliminar sujeiras na parte plástica do tênis, utilize uma borracha escolar e esfregue as marcas.

Agora a melhor dica: para exterminar aqueles odores desagradáveis da palmilha, salpique um pouco de bicarbonato de sódio nelas. Depois deixe numa caixa fechada por 4 a 5 horas. Aí, é só esfregar novamente e adeus, chulé!

E se um dia você pisar num chiclete, o truque é esfregar um cubo de gelo na goma, pois o gelo endurece o chiclete, que vai se soltar aos poucos!

ROUPAS DE BEBÊ

Com a chegada de um bebê, você vai precisar de cuidados especiais com as roupinhas dele. Especialistas aconselham a lavar todas as peças do enxoval da criança antes de usá-las. Faça isso sem produtos químicos e não use amaciantes. Procure sempre lavar as roupas à mão nos primeiros meses.

Quando passar a utilizar a máquina, coloque o que for do bebê dentro de uma fronha e dê um nó ou use um saco próprio para lavagem de peças delicadas. Nunca misture a roupa do bebê com a do resto da família, nem mesmo no cesto de roupas sujas.

E, por fim, o ideal para remover manchas de papinhas é passar água morna e sabão de coco e depois deixar secar ao sol. Você também pode usar vinagre ou talco nas manchas. Só não é recomendado o uso de água sanitária, e fuja dos produtos muito perfumados.

CRISTAIS

Vamos começar com o que não é recomendável: copos de cristal não devem ir à lavadora de louças!

Outra coisa importante é evitar o uso do detergente para não deixar aquela película fosca na peça de cristal. E nunca limpe suas taças com escovas duras, para não arranhar. Para devolver brilho ao cristal, coloque o copo de molho por alguns minutos numa vasilha com água morna e vinagre branco.

Antes de secar, passe um algodão com vinagre branco dentro e fora do copo. Para secar, você pode usar uma flanela que não solte pelo.

Outra dica espertinha é para quando um copo fica preso dentro do outro: não force para soltá-los, pois podem quebrar. Coloque o copo de baixo em uma vasilha com água quente e encha o copo de cima com água fria. Os copos grudados vão se soltar facilmente. Ao guardar copos de cristal envolva cada copo com um papel de seda.

AGULHAS E ALFINETES

Uma dica das antigas para evitar a ferrugem em agulhas e alfinetes é fazer um alfineteiro antiferrugem, preenchendo uma almofadinha de pano com enchimento de esponja de aço.

Também é sempre bom ter por perto um ímã. Vai ser bem mais fácil achar agulhas e alfinetes pequeninos perdidos por aí.

PAREDES

Qual a melhor forma de limpar paredes? Use uma esponja e sabão neutro! Logo em seguida, passe um pano úmido para tirar o excesso de detergente.

Se a mancha ou risco persistir, ataque com uma mistura de água sanitária e água em partes iguais. Deixe agir por 30 minutos e depois enxágue.

UMENTOS PEDRO
UMENTOS KIKA

Agradecimentos

Meus sinceros agradecimentos a todos que de alguma maneira direta ou indireta contribuíram para a realização deste livro:

Adriana Westerberg, Alfredo Stadtherr, All – Fabricar Ideias, Ana Lucia Laureano, Ana Marcia Jacques Gamboa, Ana Quintella, Angela Santiago, Bruno Donatti, Cacá Hermeto, Camila Pitanga, Carla Lisa Bueno, COZA/BRINOX, Daisy Xavier, Darsoni Oliveira, Davis Reiche, Emilio Rangel, Equipe Twogether, Fabiana Marzán, Felipe Rangel, Fernanda Hermeto, Fernando Piccinini, Fernando Rancoleta, Fred Góes, Georgiana Góes, Graça Coutinho, Ivan Ribeiro, J. Rodrigues Presentes, Joana D'Arc Carvalho, João Marcelo Coelho, Joleis Cabides, Jorge Nassarala, Julia Lordello, Julio Rodrigues, Karina Petito, Kathlen Henrich, Lavínia de Góes, Linox, Luiza Marcier, Lutera Thabisa, Marcinha Martins, Maria Alice dos Santos, Maria Helena Ferreira, Maria Hermeto, Maria Sonia Madureira de Pinho, Mariana Hermeto, Mariana Klinger, Mariana Lobo, Marina Hermeto, Martha Mellinger, Martinha Macedo Martu, Mauro Lemos, Meu Móvel de Madeira, Nandi Barbosa, Otavio De Angele, Paulo Rodrigues, Pedro Hermeto, PRAT-K, Prof. Dr. Marco Antonio Lemos Miguel, Queila Miranda, Rafaela Hermeto, Rafaela Serpa, Reka Koves, Renata Gebara, Renata Moreira, Risoleta Liberalli de Góes, Rita Palmeira, Rogério Marques, Ronald Henrich, Sebastião Carvalho, Sebastião Rodrigues, Silvania Jesus dos Santos, Stella Rangel, Tatavo Hermeto, Terezinha Lopes, Tola Faria, Ula Schliemann, Vilma Rangel e Zé Ricardo.

gnt

Diretora **Daniela Mignani**
Gerente de marketing **Mariana Novaes**
Coordenadora de marketing **Priscila Moherdauhi**
Analista de marketing **Fernanda Barreto**
Assistente de marketing **Ingrid Forino**

Texto fixado conforme as regras do Acordo Ortográfico da Língua Portuguesa (Decreto Legislativo nº 54, de 1995).

Diretor executivo **Mauro Palermo**
Editora responsável **Camila Werner**
Editor assistente **Lucas de Sena Lima**
Assistente editorial **Milena Martins**
Fotos **Ana Quintela**
Direção de arte **Ula Schliemann**
Projeto gráfico e diagramação **6D**
Revisão **Camile Mendrot (Ab Aeterno)** e **Andréa Bruno**
Capa **6D**
Maquiagem **Lutera Thabisa**
Figurino **Mariana Rosalba**
Produção de fotos **Micaela Góes, Ula Schliemann e Renata Moreira**
Tratamento das fotos **Roberto Bezerra**

Colaboradores do texto: **Alfredo Stadtherr, Diogo Gardoni, Julia Lordello**

Textos das "Dicas da vovó Risoleta" baseados em roteiros de **Anna Cantanhede**

CIP-BRASIL. CATALOGAÇÃO NA PUBLICAÇÃO
SINDICATO NACIONAL DOS EDITORES DE LIVROS, RJ

G544s

Góes, Micaela
Santa ajuda / Micaela Góes. - 1. ed. -
São Paulo : Globo Estilo, 2017.
il.

ISBN: 978-85-250-6316-8

1. Economia doméstica. 2. Limpeza e organização da casa. I. Título.

16-38524 CDD: 640
CDU: 64

1ª edição, 2017

Editora Globo S.A.
Av. Nove de Julho, 5.229
São Paulo — SP — 01407-907

www.globolivros.com.br

Este livro, composto nas fontes Sugo e Aleo, foi impresso em papel offset 120 g/m², na gráfica Donnelley. São Paulo, fevereiro de 2017.